政治激励下的省内经济发展模式和治理研究

纪念改革开放四十周年丛书

章奇 —— 著

复旦大学出版社

本丛书系"上海市中国特色哲学社会科学学术话语体系建设基地"研究成果

上海市社会科学界联合会
上海市哲学社会科学学术话语体系建设办公室
上海市哲学社会科学规划办公室
上海市"理论经济学高峰学科支持计划"
联合策划资助出版

纪念改革开放四十周年丛书编委会

学术顾问　洪远朋　张　军　陈诗一

主　　任　寇宗来

委　　员　王弟海　尹　晨　李志青　朱富强
　　　　　　陈　硕　陆前进　高　帆　高　虹
　　　　　　张　涛　张晖明　许　闲　章　奇
　　　　　　严法善　樊海潮

主　　编　张晖明

副主编　　王弟海　高　帆

纪念改革开放四十周年丛书(12卷)作者介绍

丛书主编：张晖明，1956年7月出生，经济学博士，教授，博士研究生导师。现任复旦大学经济学系主任，兼任复旦大学企业研究所所长，上海市哲学社会科学研究基地复旦大学社会主义政治经济学研究中心主任，上海市政治经济学研究会会长。

丛书各卷作者介绍：

1.《国有企业改革的政治经济学分析》，张晖明。

2.《从割裂到融合：中国城乡经济关系演变的政治经济学》，高帆，1976年11月出生，经济学博士，复旦大学经济学院教授，博士生导师，经济学系常务副主任。

3.《中国二元经济发展中的经济增长和收入分配》，王弟海，1972年12月出生，经济学博士，复旦大学经济学院教授，博士生导师，院长助理，经济学系副系主任，《世界经济文汇》副主编。

4.《中国央地关系：历史、演进及未来》，陈硕，1980年2月出生，经济学博士，复旦大学经济学院教授。

5.《政治激励下的省内经济发展模式和治理研究》，章奇，1975年2月出生，经济学博士、政治学博士，复旦大学经济学院副教授。

6.《市场制度深化与产业结构变迁》，张涛，1976年4月出生，经济学博士，复旦大学经济学院副教授。

7.《经济集聚和中国城市发展》，高虹，1986年9月出生，经济学博士，复旦大学经济学院讲师。

8.《中国货币政策调控机制转型及理论研究》，陆前进，1969年9月出生，经济学博士，复旦大学经济学院教授。

9.《保险大国崛起：中国模式》，许闲，1979年9月出生，经济学博士，复旦大学经济学院教授，风险管理与保险学系主任，复旦大学中国保险与社会安全研究中心主任，复旦大学-加州大学当代中国研究中心主任。

10.《关税结构分析、中间品贸易与中美贸易摩擦》,樊海潮,1982年4月出生,经济学博士,复旦大学经济学院教授。首届张培刚发展经济学青年学者奖获得者。

11.《绿色发展的经济学分析》,李志青,1975年11月出生,经济学博士,复旦大学经济学院高级讲师,复旦大学环境经济研究中心副主任。

12.《中国特色社会主义政治经济学的新发展》,严法善,1951年12月出生,经济学博士,复旦大学经济学院教授,博士生导师,复旦大学泛海书院常务副院长。

总序一

改革开放到今天已经整整走过了四十年。四十年来,在改革开放的进程中,中国实现了快速的工业化和经济结构的变化,并通过城镇化、信息化和全球化等各种力量的汇集,推动了中国经济的发展和人均收入的提高。从一个孤立封闭型计划经济逐步转变为全面参与全球竞争发展的开放型市场经济。中国经济已经全面融入世界经济一体化,并成为全球第二经济大国。

中国社会经济的飞速发展源于中国改革开放的巨大成功。改革开放在"解放思想、实事求是"思想指导下,以"三个有利于"为根本判断标准,以发展社会生产力作为社会主义的根本任务,逐步探索建设中国特色社会主义事业的改革路径。四十年来的改革开放,是一个摸着石头过河的逐步探索过程和渐进性改革过程,也是一个伟大的社会发展和经济转型过程,是世界经济发展进程中的一个奇迹。当前,中国经济发展进入新常态,中国特色社会主义进入了新时代。回顾历史,借往鉴来,作为中国的经济学者,我们有义务去研究我们正在经历的历史性经济结构和制度结构转型过程,有责任研究和总结我们在过去四十年经济改革中所取得的众多成功经验和所经历过的经验教训。对这个历史变迁过程中已经发生的事件提供一个更好的理解和认识的逻辑框架,为解决我们当前所面临的困境和挑战提出一种分析思路和对策见解,从而让我们对未来尚未发生或者希望发生的事件有一个更加理性的预见和思想准备,这是每一个经济学者的目标。

为了纪念中国改革开放四十周年,深化对中国经济改革和社会发展过程的认识,加强对一些重大经济问题的研究和认识,同时也为更好解决当前以及未来经济发展所面临的问题和挑战建言献策,复旦大学经济学系主任张晖明教授组织编著了这套纪念改革开放四十周年丛书。本套丛书共包括十二卷,分别由复旦大学经济学系教师为主的十多位学者各自独立完成。丛书主要围绕四十年来中国经济体制改革过程中的重大经济问题展开研究,研究内容包括中国特色社会主义政治经济学的新发展、二元经济发展中的经济增长和收入分配、货币政策调控机制转型及理论研究、国企改革和基本经济制度完善、城乡关系和城乡融合、中央地方财政关系和财政分权、经济结构变迁和产业进入壁垒、经济集聚和城市发展、"一带一路"倡议和对外贸易、政治激励下的省内经济发展和治理模式、保险业的发展与监管、绿色发展和环境生态保护等十多个重大主题。

复旦大学经济学院具有秉承马克思主义经济学和西方经济学两种学科体系的对话和发展的传统。本套丛书在马克思主义指导下,立足中国现实,运用中国政治经济学分析方法、现代经济学分析方法和数理统计计量等数量分析工具,对中国过去四十年的改革开放的成功经验、特征事实以及新时代发展所面临的困境和挑战进行翔实而又深刻的分析和探讨,既揭示出了改革开放四十年来中国经济发展的典型事实和中国特色,也从中国的成功经验中提炼出了社会经济发展的一般规律和理论;是既立足于中国本土经济发展的事实分析和研究又具有经济发展一般机制和规律的理论创新和提升。

值得提及的是,编写纪念改革开放丛书已经成为复旦大学经济学院政治经济学科的一种传统。1998年复旦大学经济学院政治经济学教授伍柏麟先生曾主编纪念改革开放二十周年丛书,2008年复旦大学经济学院新政治经济学研究中心主任史正富教授曾主编纪念改革开放三十周年丛书。2018年正值改革开放四十周年之际,复旦大学经济学院经济学系主任张晖明教授主编了这套纪念改革开放四十周年丛书,也可谓是秉承政治经济学科的传统。

作为本套丛书的主要贡献者——复旦大学经济学院政治经济学科是国家的重点学科,也一直都是中国政治经济学研究和发展的最主要前沿阵地之一。复旦大学经济学院政治经济学历史悠久,学术辉煌,队伍整齐。她不但拥有一大批直接影响着中国政治经济学发展和中国改革进程的老一辈经济学家,今天更聚集了一批享誉国内的中青年学者。1949年中华人民共和国成立以后,老一辈著名政治经济学家许涤新、吴斐丹、漆琪生等就在复旦大学执鞭传道;改革开放之后,先后以蒋学模、张薰华、伍柏麟、洪远朋等老先生为代表的复旦政治经济学科带头人对政治经济学的学科建设和人才培养,以及国家改革和上海发展都做出了卓越贡献。蒋学模先生主编的《政治经济学教材》目前已累计发行2 000多万册,培育了一批批马克思主义的政治经济学理论学者和党政干部,在中国改革开放和现代化事业建设中发挥了重要作用。张薰华教授20世纪80年代中期提出的社会主义级差地租理论厘清了经济中"土地所有权"和"土地私有权"之间的关系,解释了社会主义经济地租存在的合理性和必要性,为中国的土地使用制度改革和中国城市土地的合理使用奠定了理论基础。目前,在张晖明教授、孟捷教授等国内新一代政治经济学领军人物的引领下,复旦大学政治经济学科聚集了高帆教授、陈硕教授、汪立鑫教授和周翼副教授等多位中青年政治经济学研究者,迎来新的发展高峰。2018年4月,由张晖明教授任主任的上海市哲学社会科学研究基地"复旦大学中国特色社会主义政治经济学研究中心"已经在复旦大学经济学院正式挂牌成立,它必将会极大推动复旦大学经济学院政治经济学理论研究和学科发展。作为复旦大学经济学院政治经济学理论研究宣传阵地,由孟捷教授主编的《政治经济学报》也已经获得国家正式刊号,未来也必将在政治经济学理论研究交流和宣传中发挥积极作用。

张晖明教授主编的本套丛书,可以视为复旦大学经济学院政治经济学科近来理论研究和学科发展的重要成果之一。通过对本套丛书的阅读,相信读者对中国的改革开放必将有新的认识和理解,对中国目前面临的挑战和未来发展必将产生新的思考和启发。

复旦大学经济学院教授、院长　张军
2018年12月9日

总序二

大约在两年前,我就开始考虑组织队伍,开展系列专题研究,为纪念改革开放四十周年撰写专著,承接和保持我们复旦大学政治经济学学科纪念改革开放二十周年、三十周年都曾经组织撰写出版大型丛书的学术传统,以体现经济理论研究者对经济社会发展的学术责任。我的这一想法得到学院领导的肯定和支持,恰好学院获得上海市政府对复旦理论经济学一级学科高峰计划的专项拨款,将我们这个研究计划列入支持范围,为研究工作的开展创造了一定的条件。在我们团队的共同努力下,最后遴选确定了十二个专题,基本覆盖了我国经济体制的主要领域或者说经济体制建构的不同侧面,经过多次小型会议,根据参加者各自的研究专长,分工开展紧张的研究工作。复旦大学出版社的领导对我们的丛书写作计划予以高度重视,将这套丛书列为2018年的重点出版图书;我们的选题也得到上海市新闻出版局的重视和鼓励。这里所呈现的就是我们团队这两年来所做的工作的最后成果。我们力求从经济体制的不同侧面进行系统梳理,紧扣改革开放实践进程,既关注相关体制变革转型的阶段特点和改革举措的作用效果,又注意联系运用政治经济学理论方法进行理论探讨,联系各专门体制与经济体制整体转型相互之间的关系,力求在经济理论分析上有所发现,为中国特色社会主义经济理论内容创新贡献复旦人的思想和智慧,向改革开放四十周年献礼。

中国经济体制改革四十年的历程举世瞩目。以1978年底召开的中国共产党十一届三中全会确定"改革开放"方针为标志,会议在认真总结中国开展社会主义实践的经验教训的基础上,纠正了存在于党的指导思想上和各项工作评价方式上存在的"左"的错误,以"破除迷信""解放思想"开路,回到马克思主义历史唯物主义"实事求是"的方法论上来,重新明确全党全社会必须"以经济建设为中心",打开了一个全新的工作局面,极大地解放了社会生产力,各类社会主体精神面貌焕然一新。从农村到城市、从"增量"到"存量"、从居民个人到企业、从思想观念到生存生产方式,都发生了根本的变化,改革开放激发起全社会各类主体的创造精神和行动活力。

中国的经济体制改革之所以能够稳健前行、行稳致远,最关键的一条就是有中国共产党的坚强领导。我们党对改革开放事业的领导,以党的历次重要会议为标志,及时地在理论创新方面作出新的表述,刷新相关理论内涵和概念表达,对实践需要采取的措施加以具体规划,并在扎实地践行的基础上及时加以规范,以及在体制内容上予以巩固。我们可以从四十年来党的历次重要会议所部署的主要工作任务清晰地看到党对改革开放事业的方向引领、阶段目标设计和工作任务安排,通过对所部署的改革任务内容的前一阶段工作予以及时总结,及时发现基层创新经验和推广价值,对下一阶段改革深化推进任务继续加以部署,久久为功,迈向改革目标彼岸。

党的十一届三中全会(1978)实现了思想路线的拨乱反正,重新确立了马克思主义实事求是的思想路线,果断地提出把全党工作的着重点和全国人民的注意力转移到社会主义现代化建设上来,作出了实行改革开放的新决策,启动了农村改革的新进程。

党的十二大(1982)第一次提出了"建设有中国特色的社会主义"的崭新命题,明确指出:"把马克思主义的普遍真理同我国的具体实际结合起来,走自己的道路,建设有中国特色的社会主义,这就是我们总结长期历史经验得出的基本结论。"会议确定了"党为全面开创社会主义现代化建设新局面而奋斗的纲领"。

党的十二届三中全会(1984)制定了《中共中央关于经济体制改革的决定》,明确坚决地系统地进行以城市为重点的整个经济体制的改革,是我国形势发展的迫切需要。这次会议标志着改革由农村走向城市和整个经济领域的新局面，提出了经济体制改革的主要任务。

党的十三大(1987)明确提出我国仍处在"社会主义初级阶段"，为社会主义确定历史方位，明确概括了党在社会主义初级阶段的基本路线。

党的十四大(1992)报告明确提出，我国经济体制改革的目标是建立社会主义市场经济体制，就是要使市场在社会主义国家宏观调控下对资源配置起基础性作用；明确提出"社会主义市场经济体制是同社会主义基本制度结合在一起的"。在所有制结构上，以公有制为主体，个体经济、私营经济、外资经济为补充，多种经济成分长期共同发展，不同经济成分还可以自愿实行多种形式的联合经营。国有企业、集体企业和其他企业都进入市场，通过平等竞争发挥国有企业的主导作用。在分配制度上，以按劳分配为主体，其他分配方式为补充，兼顾效率与公平。

党的十四届三中全会(1993)依据改革目标要求，及时制定了《中共中央关于建立社会主义市场经济体制若干问题的决定》，系统勾勒了社会主义市场经济体制的框架内容。会议通过的《决定》把党的十四大确定的经济体制改革的目标和基本原则加以系统化、具体化，是中国建立社会主义市场经济体制的总体规划，是20世纪90年代中国进行经济体制改革的行动纲领。

党的十五大(1997)提出"公有制实现形式可以而且应当多样化，要努力寻找能够极大促进生产力发展的公有制实现形式"。"非公有制经济是我国社会主义市场经济的重要组成部分"，"允许和鼓励资本、技术等生产要素参与收益分配"等重要论断，大大拓展了社会主义生存和实践发展的空间。

党的十五届四中全会(1999)通过了《中共中央关于国有企业改革和发展若干重大问题的决定》，明确提出，推进国有企业改革和发展是完成党的十五大确定的我国跨世纪发展的宏伟任务，建立和完善社会主义市场经济体制，保持国民经济持续快速健康发展，大力促进国有企业的体制改革、机制转换、结构调整和技术进步。从战略上调整国有经济布局，要同产业结构的优化升级和所有制结构的调整完善结合起来，坚持有进有退，有所为有所不为，提高国有经济的控制力;积极探索公有制的多种有效实现形式,大力发展股份制和混合所有制经济;要继续推进政企分开,按照国家所有、分级管理、授权经营、分工监督的原则,积极探索国有资产管理的有效形式;实行规范的公司制改革,建立健全法人治理结构;要建立与现代企业制度相适应的收入分配制度,形成有效的激励和约束机制;必须切实加强企业管理,重视企业发展战略研究,健全和完善各项规章制度,从严管理企业,狠抓薄弱环节,广泛采用现代管理技术、方法和手段,提高经济效益。

党的十六大(2002)指出,在社会主义条件下发展市场经济,是前无古人的伟大创举,是中国共产党人对马克思主义发展作出的历史性贡献,体现了我们党坚持理论创新、与时俱进的巨大勇气。并进一步强调"必须坚定不移地推进各方面改革"。要从实际出发,整体推进,重点突破,循序渐进,注重制度建设和创新。坚持社会主义市场经济的改革方向,使市场在国家宏观调控下对资源配置起基础性作用。

党的十六届三中全会(2003)通过的《中共中央关于完善社会主义市场经济体制若干问题的决定》,全面部署了完善社会主义市场经济体制的目标和任务。按照"五个统筹"①的要求,更大程度地发挥市场在资源配置中的基础性作用,增强企业活力和竞争力,健全国家宏观调控,完善政府社会管理和公共服务职能,为全面建设小康社会提供强有力的体制保障。主要任务是:完善公有制为主体、多种所有制经济共同发展的基本经济制度;建立有利于逐步改变城乡二元经济结构的体制;形成促进区域经济协调发展的机制;建设统一开放、竞争有序的现代市场体系;完善宏观调控体系、行政管理体制和经济法律制度;健全就业、收入分配和社会保障制度;建立促进经济社会可持续发展的机制。

党的十七大(2007)指出,解放思想是发展中国特色社会主义的一大法

---

① 即统筹城乡发展、统筹区域发展、统筹经济社会发展、统筹人与自然和谐发展、统筹国内发展和对外开放。

宝,改革开放是发展中国特色社会主义的强大动力,科学发展、社会和谐是发展中国特色社会主义的基本要求。会议强调,改革开放是决定当代中国命运的关键抉择,是发展中国特色社会主义、实现中华民族伟大复兴的必由之路;实现未来经济发展目标,关键要在加快转变经济发展方式、完善社会主义市场经济体制方面取得重大进展。要大力推进经济结构战略性调整,更加注重提高自主创新能力、提高节能环保水平、提高经济整体素质和国际竞争力。要深化对社会主义市场经济规律的认识,从制度上更好发挥市场在资源配置中的基础性作用,形成有利于科学发展的宏观调控体系。

党的十七届三中全会(2008)通过了《中共中央关于农村改革发展的若干重大问题的决议》,特别就农业、农村、农民问题作出专项决定,强调这一工作关系党和国家事业发展全局。强调坚持改革开放,必须把握农村改革这个重点,在统筹城乡改革上取得重大突破,给农村发展注入新的动力,为整个经济社会发展增添新的活力。推动科学发展,必须加强农业发展这个基础,确保国家粮食安全和主要农产品有效供给,促进农业增产、农民增收、农村繁荣,为经济社会全面协调可持续发展提供有力支撑。促进社会和谐,必须抓住农村稳定这个大局,完善农村社会管理,促进社会公平正义,保证农民安居乐业,为实现国家长治久安打下坚实基础。

党的十八大(2012)进一步明确经济体制改革进入攻坚阶段的特点,指出"经济体制改革的核心问题是处理好政府和市场的关系",在党中央的领导下,对全面深化改革进行了系统规划部署,明确以经济体制改革牵引全面深化改革。

党的十八届三中全会(2013)通过了《中共中央关于全面深化改革若干重大问题的决定》,全方位规划了经济、政治、社会、文化和生态文明"五位一体"的336项改革任务,面对改革攻坚,提倡敢于啃硬骨头的坚忍不拔的精神,目标在于实现国家治理体系和治理能力的现代化。会议决定成立中共中央全面深化改革领导小组,负责改革总体设计、统筹协调、整体推进、督促落实。习近平总书记强调:"全面深化改革,全面者,就是要统筹推进各领域改革。

就需要有管总的目标,也要回答推进各领域改革最终是为了什么、要取得什么样的整体结果这个问题。""这项工程极为宏大,零敲碎打调整不行,碎片化修补也不行,必须是全面的系统的改革和改进,是各领域改革和改进的联动和集成。"①

党的十八届四中全会(2014)通过了《中共中央关于全面推进依法治国若干重大问题的决定》,明确提出全面推进依法治国的总目标,即建设中国特色社会主义法治体系,建设社会主义法治国家。

党的十八届五中全会(2015)在讨论通过《中共中央关于"十三五"规划的建议》中,更是基于对社会主义实践经验的总结,提出"创新、协调、绿色、开放和共享"五大新发展理念。进一步丰富完善"治国理政",推进改革开放发展的思想理论体系。不难理解,全面深化改革具有"系统集成"的工作特点要求,需要加强顶层的和总体的设计和对各项改革举措的协调推进。同时,又必须鼓励和允许不同地方进行差别化探索,全面深化改革任务越重,越要重视基层探索实践。加强党中央对改革全局的领导与基层的自主创新之间的良性互动。

党的十九大(2017)开辟了一个新的时代,更是明确提出社会主要矛盾变化为"不充分、不平衡"问题,要从过去追求高速度增长转向高质量发展,致力于现代化经济体系建设目标,在经济社会体制的质量内涵上下功夫,提出以效率变革、质量变革和动力变革,完成好"第一个一百年"收官期的工作任务,全面规划好"第二个一百年"②的国家发展战略阶段目标和具体工作任务,把我国建设成为社会主义现代化强国。国家发展战略目标的明确为具体工作实践指明了方向,大大调动实践者的工作热情和积极性,使顶层设计与基层主动进取探索之间的辩证关系有机地统一起来,着力推进改革走向更深层

---

① 习近平在省部级主要领导干部学习贯彻十八届三中全会精神全面深化改革专题研讨班开班式上的讲话,2014年2月17日。
② "第一个一百年"指建党一百年,"第二个一百年"指新中国成立一百年。

次、发展进入新的阶段。

改革意味着体制机制的"创新"。然而,创新理论告诉我们,相较于对现状的认知理解,创新存在着的"不确定性"和因为这种"不确定性"而产生的心理上的压力,有可能影响到具体行动行为上出现犹豫或摇摆。正是这样,如何对已经走过的改革历程有全面准确和系统深入的总结检讨,对所取得成绩和可能存在的不足有客观科学的评估,这就需要认真开展对四十年改革经验的研究,并使之能够上升到理论层面,以增强对改革规律的认识,促进我们不断增强继续深化改革的决心信心。

四十年风雨兼程,改革开放成为驱动中国经济发展的强大力量,产生了对于社会建构各个方面、社会再生产各个环节、社会生产方式和生活方式各个领域的根本改造。社会再生产资源配置方式从传统的计划经济转型到市场经济,市场机制在资源配置中发挥决定性作用,社会建构的基础转到以尊重居民个人的创造性和积极性作为出发点。国有企业改革成为国家出资企业,从而政府与国家出资的企业之间的关系就转变成出资与用资的关系,出资用资两者之间进一步转变为市场关系。因为出资者在既已出资后,可以选择持续持股,也可以选择将股权转让,从而"退出"股东位置。这样的现象,也可以看作是一种"市场关系"。通过占主体地位的公有制经济与其他社会资本平等合作,以混合所有制经济形式通过一定的治理结构安排,实现公有制与市场经济的有机融合。与资源配置机制的变革和企业制度的变革相联系,社会再生产其他方方面面的体制功能围绕企业制度的定位,发挥服务企业、维护社会再生产顺畅运行的任务使命。财政、金融、对外经济交往等方面的体制架构和运行管理工作内容相应配套改革。伴随改革开放驱动经济的快速发展,城乡之间、区域之间关系相应得到大范围、深层次的调整。我们在对外开放中逐渐培养自觉遵循和应用国际经济规则的能力,更加自觉地认识到,必须积极主动地融入全球化潮流,更深层次、更广范围、更高水平地坚持对外开放,逐渐提升在对外开放中参与国际规则制定和全球治理的能力。也正是由于对经济社会发展内涵有了更加深刻的认识,摈弃了那种片面追求

GDP增长的"线性"发展思维和行为,我们开始引入环境资源约束,自觉探寻可持续的"绿色"发展道路。

可以说,改革开放对中国经济社会产生全方位的洗礼作用。正是基于这样的见解,我们的**丛书研究主题**尽可能兼顾覆盖经济体制和经济运行的相关主要方面。为了给读者一个概貌性的了解,在这里,我把十二卷论著的主要内容做一个大致的介绍。

高帆教授的《从割裂到融合:中国城乡经济关系演变的政治经济学》,基于概念界定和文献梳理,强调经典的二元经济理论与中国这个发展中大国的状况并不完全契合。我国存在着发展战略和约束条件—经济制度选择—微观主体行为—经济发展绩效(城乡经济关系转化)之间的依次影响关系,其城乡经济关系是在一系列经济制度(政府-市场关系、政府间经济制度、市场间经济制度)的作用下形成并演变的,政治经济学对理解中国的城乡经济关系问题至关重要。依据此种视角,该书系统研究了我国城乡经济关系从相互割裂到失衡型融合再到协同型融合的演变逻辑,以此为新时代我国构建新型城乡经济关系提供理论支撑,为我国形成中国特色社会主义政治经济学提供必要素材。

张晖明教授的《国有企业改革的政治经济学分析》,紧扣国有企业改革四十年的历程,系统总结国有企业改革经验,尝试建构中国特色的企业理论。基于对企业改革作为整个经济体制改革"中心环节"的科学定位分析,该书讨论了企业经营机制、管理体制到法律组织和经济制度逐层推进变革,促成企业改革与市场发育的良性互动;概括了企业制度变革从"国营"到"国有",再到"国家出资";从"全民所有""国家所有"到"混合所有";从政府机构的"附属物"改造成为法人财产权独立的市场主体,将企业塑造成为"公有制与市场经济有机融合"的组织载体,有效、有力地促进政资、政企关系的变革调整。对改革再出发,提出了从"分类"到"分层"的深化推进新思路,阐述了国有企业改革对于国家治理体系现代化建设的意义,对于丰富和完善我国基本经济制度内涵的理论意义。

王弟海教授的《中国二元经济发展中的经济增长和收入分配》,主要聚焦于改革开放四十年来中国二元经济发展过程中的经济增长和收入分配问题。该书主要包括三大部分:第1编以中国实际GDP及其增长率作为分析的对象,对中国经济增长的总体演化规律和结构变迁特征进行分析,并通过经济增长率的要素分解,研究了不同因素对中国经济增长的贡献;第2编主要研究中国经济增长和经济发展之间的关系,探讨一些重要的经济发展因素,如投资、住房、教育和健康等同中国经济增长之间相动机制;第3编主要研究了中国二元经济发展过程中收入分配的演化,包括收入分配格局的演化过程和现状、收入差距扩大的原因和机制,以及未来可能的应对措施和策略。

陈硕教授的《中国央地关系:历史、演进及未来》,全书第一部分梳理我国历史上央地关系变迁及背后驱动因素和影响;第二和第三部分分别讨论当代央地财政及人事关系;第四部分则面向未来,着重讨论财权事权分配、政府支出效率、央地关系对国家、社会及政府间关系的影响等问题。作者试图传达三个主要观点:第一,央地关系无最优之说,其形成由历史教训、政治家偏好及当前约束共同决定;第二,央地关系的调整会影响国家社会关系,对该问题的研究需借助一般均衡框架;第三,在更长视野中重新认识1994年分税制改革对当代中国的重要意义。

章奇副教授的《政治激励下的省内经济发展模式和治理研究》认为,地方政府根据自己的政治经济利益,选择或支持一定的地方经济发展模式和经济政策来实现特定的经济资源和利益的分配。换言之,地方经济发展模式和政策选择本质上是一种资源和利益分配方式(包含利益分享和对应的成本及负担转移)。通过对发展模式的国际比较分析和中国20世纪90年代以来的地方经济发展模式的分析,指出地方政府领导层的政治资源的集中程度和与上级的政治嵌入程度是影响地方政府和官员选择地方经济发展模式的两个重要因素。

张涛副教授的《市场制度深化与产业结构变迁》,讨论了改革开放四十年来,中国宏观经济结构发生的显著变化。运用经济增长模型,从产品市场和劳动力市场的现实特点出发，研究开放经济下资本积累、对外贸易、产业政策等影响宏观经济结构变化的效应、机制和相应政策。

高虹博士的《经济集聚和中国城市发展》，首先澄清了对于城市发展的一个误解，就是将区域间"协调发展"简单等同于"同步发展"，并进一步将其与"经济集聚"相对立。政策上表现为试图缩小不同规模城市间发展差距，以平衡地区间发展。该书通过系统考察经济集聚在城市发展中的作用发现，经济集聚的生产率促进效应不仅有利于改善个人劳动力市场表现，也将加速城市制造业和服务业产业发展，提升经济发展效率。该书为提高经济集聚程度、鼓励大城市发展的城市化模式提供了支持。

陆前进教授的《中国货币政策调控机制转型及理论研究》，首先从中央银行资产负债表的角度分析了货币政策工具的调控和演变，进而探讨了两个关键变量（货币常数和货币流通速度）在货币调控中的作用。该书重点研究了货币和信贷之间的理论关系以及信贷传导机制——货币调控影响货币和信贷，从而会影响中央银行的铸币税、中央银行的利润等——进而从货币供求的角度探讨了我国中央银行铸币税的变化，还从价格型工具探讨了我国中央银行的货币调控机制，重点研究了利率、汇率调控面临的问题，以及我国利率、汇率的市场化形成机制的改革。最后，总结了我国货币政策调控面临的挑战，以及如何通过政策搭配实现宏观经济内外均衡。

许闲教授的《保险大国崛起：中国模式》，讨论了改革开放四十年中国保险业从起步到崛起，按保费规模测算已经成为全球第二保险大国。四十年的中国保险业发展，是中国保险制度逐步完善、市场不断开放、主体多样发展、需求供给并进的历程。中国保险在发展壮大中培育了中国特色的保险市场，形成了大国崛起的中国模式。该书以历史叙事开篇，从中国保险公司上市、深化改革中的保险转型、中国经济增长与城镇化建设下的保险协同发展、对外开放中保险业的勇于担当、自贸区和"一带一路"倡议背景下保险业的时代作为、金融监管与改革等不同视角，探讨与分析了中国保险业改革开放四十年所形成的中国模式与发展路径。

樊海潮教授的《关税结构分析、中间品贸易与中美贸易摩擦》,指出不同国家间关税水平与关税结构的差异,往往对国际贸易产生重要的影响。全书从中国关税结构入手,首先对中国关税结构特征、历史变迁及国际比较进行了梳理。之后重点着眼于2018年中美贸易摩擦,从中间品关税的角度对中美贸易摩擦的相关特征进行了剖析,并利用量化分析的方法评估了此次贸易摩擦对两国福利水平的影响,同时对其可能的影响机制进行了分析。全书的研究,旨在为中国关税结构及中美贸易摩擦提供新的研究证据与思考方向。

李志青高级讲师的《绿色发展的经济学分析》,指出当前中国面对生态环境与经济增长的双重挑战,正处于环境库兹涅茨曲线爬坡至顶点、实现环境质量改善的关键发展阶段。作为指导社会经济发展的重要理念,绿色发展是应对生态环境保护与经济增长双重挑战的重要途径,也是实现环境与经济长期平衡的重要手段。绿色发展在本质上是一个经济学问题,我们应该用经济学的视角和方法来理解绿色发展所包含的种种议题,同时通过经济学的分析找到绿色发展的有效解决之道。

严法善教授的《中国特色社会主义政治经济学的新发展》,运用马克思主义政治经济学基本原理与中国改革开放实践相结合的方法,讨论了中国特色社会主义政治经济学理论的几个主要问题:新时代不断解放和发展生产力,坚持和完善基本经济制度,坚持社会主义市场经济体制,正确处理市场与政府关系、按劳分配和按要素分配关系、对外开放参与国际经济合作与竞争关系等。同时还研究了改革、发展、稳定三者的辩证关系,新常态下我国面临的新挑战与机遇,以及贯彻五大新发展理念以保证国民经济持续快速、健康、发展,让全体人民共享经济繁荣成果等问题。

以上十二卷专著,重点研究中国经济体制改革和经济发展中的一个主要体制侧面或决定和反映经济发展原则和经济发展质量的重要话题。反映出每位作者在自身专攻的研究领域所积累的学识见解,他们剖析实践进程,力求揭示经济现象背后的结构、机制和制度原因,提出自己的分析结论,向读者传播自己的思考和理论,形成与读者的对话并希望读者提出评论或批评的回应,以求把问题的讨论引向深入,为指导实践走得更加稳健有效设计出更加完善的政策建议。换句话说,作者所呈现的研究成果一定存在因作者个人的认识局限性带来的瑕疵,欢迎读者朋友与作者及时对话交流。作为本丛书的主编,在这里代表各位作者提出以上想法,这也是我们组织这套丛书所希望达到的目的之一。

是为序。

张晖明

2018 年 12 月 9 日

目 录

第1章 发展型国家视角下的中国经济发展模式 1

第2章 经济发展、政策选择和政治激励 23
    2.1 经济政策的逻辑：一些现有的假说 25
    2.2 中国地方政府官员的行为：一个理论假说 43

第3章 地方经济模式和地方发展型政府的政策选择：土地财政的前身和演化 55
    3.1 亚洲金融危机前的地方经济发展模式 57
    3.2 20世纪90年代以来地方发展型政府的政策组合：土地财政 64

第4章 土地财政下的分配效应 77
    4.1 土地财政的利益及其主要收获者 79
    4.2 土地财政下的成本及其主要承担者 82

第5章 省内治理视角下的土地财政省际差异 97
    5.1 省级政府在土地财政中的作用 99
    5.2 自上而下体制中省级政府的激励问题 103
    5.3 实证分析 106
    5.4 结果和分析 110

5.5 结论 126

第 6 章 地方治理视角下的政商关系："亲"与"清"的分野和结合 129
  6.1 政商互惠的内容和性质 131
  6.2 政商合谋下的政商勾结：特点和后果 133
  6.3 政商合谋下的政商合作：特点和后果 137
  6.4 社会资本和政商合谋 142
  6.5 政商勾结还是政商合作的影响因素分析 147

结语 153

参考文献 158

第1章

发展型国家视角下的中国经济发展模式

自1978年开始改革开放以来,截至2013年,中国经济以接近10%的年化平均速度快速增长(图1.1)。2010年,中国的GDP总量以近5.9万亿美元的规模超过日本(5.4万亿美元),成为总量仅次于美国的全球第二大经济体。之后,中国名义GDP进一步从2011年的48万亿元人民币上升到2016年的74万亿元人民币,这期间GDP年均增长7.3%。考虑到中国自1978年改革开放以来持续30多年的时间里近10%的增长率,能在2008年全球金融危机后继续保持7%以上的增长率算得上是非常良好的成绩了。在经济高速增长的推动下,人均收入水平也在不断提高。2005—2016年,中国的人均国民总收入(GNI)从1 760美元上升到8 100美元,已经跨过世界银行所设定的中高收入国家水平(人均4 036美元)的标准,并进一步向高收入国家水平(人均

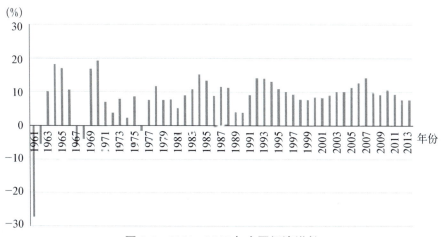

图1.1 1961—2013年中国经济增长

注:按可比价格计算。
资料来源:CEIC。

12 476美元)迈进。因此,即使人们对中国究竟是否还是一个典型的发展中国家这样的问题可能会有所争论,但经济持续发展所带来的繁荣和人均收入的提高仍然是不可忽视的事实。

从宏观水平看,中国经济的成就不仅仅表现在总量的增长上,结构性变化也十分显著,通过产业结构、经济全球化程度、所有制结构、贫困,以及其他社会经济等诸多方面的结构性变化表现出来。首先,发展中国家的典型特征是农业占据主导地位,但中国早已摆脱这一特征。目前,第二产业和第三产业在总产出中已经占到80%以上的份额(图1.2)。从2016年起,服务业(包括餐饮、金融等)首次超过第二产业(包括制造、采矿、建筑)成为对产出贡献最大的产业。

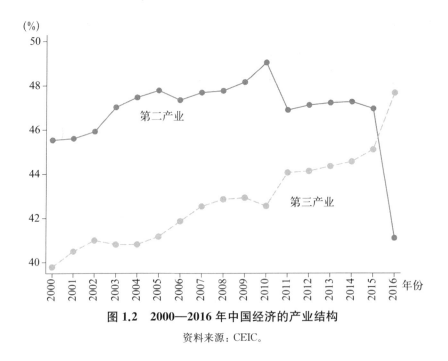

图 1.2　2000—2016 年中国经济的产业结构

资料来源:CEIC。

另外,经济发展带来生活水平的提高,催生了庞大的中产阶层,他们对产品、服务的数量和质量的要求不断提高,最终表现为更高的城镇化和城市化水平。根据摩根士丹利(Morgan Stanley)的一份研究报告,虽然私人消费在2016年(4.4万亿美元)仅占GDP的39%,在不发生重大冲击的情况下,到

2030年消费预计可以达到9.6万亿美元,占GDP的43%。同一份报告认为,到2030年,家庭可支配收入将达到8 700美元,中位数年龄为43岁,互联网覆盖率达到75%①。中国的消费者不仅变得更富有,而且他们的消费能力也将推动高科技的发展,甚至影响其创新方向,如对消费金融、电子商务、保健、保险、旅游、家用电器等领域产生极大的影响。这种消费驱动科技创新的演变路径,意味着中国的科技在特定领域有可能通过弯道超车的方式赶超先进国家,对中国经济的进一步走向也极为重要。

产业结构的变化、消费水平的上升和中产阶级的壮大推动了城市化。截至2015年,从乡村向城镇的人口流动导致城镇人口增长了5亿。目前,中国超过一半的人口居住在城市,并进一步催生了大城市和超大城市。到2015年年末,100多个城市的人口都超过了100万。全世界人口超过1 000万的大城市中,有6个在中国(上海、北京、重庆、广州、深圳、天津)。按照世界银行的标准,中国有16个城市已经属于高收入城市经济体,其人口均超过500万,总和达到了1.7亿。

中国经济的迅猛发展引起了学者的强烈兴趣。许多学者认为,从发展的动力、特征等角度来看,中国的经济发展呈现出了典型的发展型国家(developmental state)的特征。所谓发展型国家,就是那些政府在经济发展中扮演不可或缺的角色的市场经济国家,主要指第二次世界大战后成功地实现了工业化的日本以及紧随其后的韩国新加坡等东南亚各国。这些经济体在第二次世界大战后的经济增长带有一定的共性,表现为以下四点。

(1) 谨慎稳健的宏观经济政策和环境。例如,较低的通货膨胀率;强调预算平衡甚至盈余而不是赤字;具有较高的储蓄率和丰富的劳动力资源等。

(2) 强调投资,尤其是对制造业的投资,并通过提高出口部门的竞争力来打开国际市场。

(3) 强调产业政策的作用。通过产业政策的鼓励和限制,尤其是贸易政

---

① 作为对比,2016年这些数字分别为5 000美元、37岁、52%。

策和信贷政策的引导,实现制造业的增长、出口的增加、技术水平和产业竞争力的提高。

(4) 具有一个稳定的政治环境,包括具有相当规模的中产阶级;具有一个职业化、专业化和自主性的官僚队伍等。

以上这些特征并不一定是经济长期持续增长的充分条件,但的确是发展型国家经济增长成功的明显特征。其中,产业政策和现代官僚体系被看成是两个最重要的条件。首先,通过进口配额、管理汇率、关税、补贴、银行信贷等政策向特惠部门和产业倾斜,同时辅之以其他各种制度性安排,促进资源向这些部门和产业的流动,是发展型国家产业政策的主要内容和特征(Rodrik,1995;Johnson,1999)。这些产业政策,在保护国内产业免受国际竞争冲击的同时也促进了其出口的竞争力,形成了所谓的出口导向型增长(export-led growth)。不仅直接提高了特惠部门和产业的资本积累和技术水平,而且还通过产业间联系带动了私营部门的投资。

产业政策要有效,离不开一个高效的职业化官僚队伍。这样一支高素质官僚队伍,可以根据专业化的知识挑选优胜者(pick-winner),或者解决经济发展中不同产业和市场间的协调(coordination)问题(Rodrik,1995)[①]。并且,这样一支高效的职业化官僚精英队伍也有助于屏蔽政客的腐败和短期化行为,实现政策的长期稳定(World Bank,1993)。

需要指出的是,关于发展型国家的产业政策以及职业化官僚体系的分析,实际上都指向了其背后的制度安排及其特征。首先,主流观点认为,在政治精英的权力缺乏限制的情况下,私有产权的安全性是受到质疑的,从而也不可能有长期的经济增长(North,Wallis and Weingast,2009;Acemoglu and Robinson,2012)。但很多论者都指出,大多数发展型国家的案例,均不是发生在自由民主的制度环

---

① 这种协调问题通常发生的前提是市场价格机制无法引导企业间互相协调同时实现各自的最优化。例如,下游产业的竞争力取决于上游产业提供的投入品价格,一个企业(行业)要实现规模经济就需要其他企业(行业)具有足够的规模或需求。

境下,具有单一政党制(single party)的政治体制背景,最多也只能看作是"受限制的民主"(Wade,2004)。即使日本也是自第二次世界大战后相当长的时间内由自民党一党执政。这就对传统上认为"有效产权保护和法制是增长的前提"的观点提出了挑战。其次,无论是产业政策还是高效职业化的官僚精英,都很难保证其把资源按照效率优先的原则进行配置。例如,很难想象在权力缺乏有效制约的条件下,官僚主导下的产业政策不会导致寻租和腐败(Kang,2002)。而且,认为职业化的官僚可以抵御来自政客的压力而坚持独立地制定产业政策,更像是一个理想化的假设而不是对现实的准确刻画。

发展型国家的案例表明,即使在缺乏完善的产权保护和权力制衡的环境下,较长时间内的经济增长也是有可能实现的。这一方面是因为在此环境下的政府可能具有很强的国家能力(state capacity),从而能够有效地动员储蓄并向特惠部门和产业进行投资。另一方面是由于政治强人或强势政党的存在,也能够克服各种利益集团的阻力,推行有利于经济增长和竞争力提升的产业政策(Olson,1993)①。例如,在一个分权的环境中,如果不同部门和机构提供的服务和产品具有互补品的性质,此时若它们各自寻求自身的利益最大化而不是社会利益的最大化且寻租者需要同时得到它们的产品和服务(即存在协调问题),则在这种情况下会存在很大的寻租空间。这时,一个高度集权的中央权威的存在会有利于降低腐败的程度(Shleifer and Vishney,1993)。换言之,一个强有力具有发展倾向的政治领导层和具有职业化官僚体系的结合,有助于发展型国家解决产业政策制定和实施中的协调问题,控制腐败和寻租,从而减少发展的阻碍,实现经济增长和技术升级。

---

① 韩国20世纪60—70年代的政治经济提供了一个有力的案例。朴正熙在1961年政变后上台,把经济发展作为主要的执政目标,致力于打破既有制度障碍和抑制寻租,尤其是打击腐败和非法积累财富。例如,当局拘捕了大批商界精英,只是在后者承诺推进生产性投资之后才释放了他们。新加坡在20世纪50年代也是李光耀通过政治上的纵横捭阖实现其在执政党中的权威,从而确保官僚机构能够有效地执行出口导向型的政策(Haggard,1990)。

除了政治体制之外,很多研究认为发展型国家另一个制度特征就是亲商和抑制劳工。这个特征和另一个十分引人入胜的问题有关,即:一个强有力的政府为什么不会成为掠夺性的力量去侵犯产权却强调发展?有研究认为,部分原因是发展型国家的政府和企业形成了一种嵌入型的网络关系。这方面以Evans(1995)所提出的"嵌入自主性"概念最具代表性①。他指出,政府(国家)自主性是指政府能够独立于社会(尤其是利益集团)制定政策,但政府在政策执行层面必须依靠社会,尤其是商界精英,依靠后者提供信息并顺利执行(Weiss and Hobson,1995)。因此,政府(尤其是职业官僚机构)除了要有自主性外,还必须与社会(尤其是商界精英)紧密联系,两者缺一不可。只有前者,政策无法贯彻;只有后者,政府及其政策就会沦为利益集团的工具。

在政府和商界精英形成嵌入型的网络关系的基础上发展起来的政商关系的另一面,是对劳工的抑制,即政府是一个亲商式的生产者福利国家(productivist welfare state)。一方面,发展型国家的政府通过产业政策和社会控制(如对工会力量的压制),使得资本而不是劳动在收入分配中更占优势。例如,发展型国家虽然不可能完全对工资的增长进行控制,但可以通过压抑工会和其他社会组织的力量,保持制造业尤其是出口部门的工资水平的较低增长来维持出口竞争力(Deyo,1989)。同时,发展型国家也对社会保障等福利开支予以控制。另一方面,发展型国家十分重视对人力资本进行投资(Rains,Stewart and Ramirez,2000),尤其是对初等教育进行投资。这方面,韩国、新加坡和马来西亚都是明显的例子。

显然,发展型国家的经验和中国有很大程度的契合。例如,从GDP增长率、全要素增长率、储蓄率等指标来看,亚洲的发展型国家和中国均十分接近。尤其是亚洲发展型国家和中国都非常重视制造业的出口竞争力,并在很大程度上通过刺激出口来带动经济增长(图1.3)。

---

① 这里主要参考和引用了朱天飚(2005)的相关介绍。

第1章　发展型国家视角下的中国经济发展模式

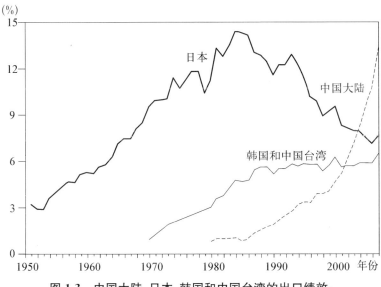

图1.3　中国大陆、日本、韩国和中国台湾的出口绩效：
在世界制造业出口中所占的比重

更重要的是，亚洲发展型国家的政策手段和制度特征同中国经济增长的政策工具和制度特征也存在很大程度上的相似。两者都通过广泛深入的产业政策来推动出口、提升技术水平和推动经济增长。同时，两者都具备很强的国家能力。如前所述，国家能力涉及如何保证产业政策的制定与执行：国家相对于社会的"自主性"（state autonomy）让国家能够不受特定利益集团左右，制定出有利于整体利益的发展政策；凝聚高效的官僚体系能够有效地将产业政策落到实处。可以说，强国家的"政治结构"保证了产业政策的成功（陈玮、耿曙，2017）。亚洲发展型国家和中国的政治体制均具有强大的资源动员能力和社会控制能力，这和西方民主政体具有明显的差异，但这同时也构成这些国家强大国家能力的一个重要制度基础。

尽管如此，无论是产业政策，还是制度特征，亚洲发展型国家和中国也存在非常明显的差异。最重要的区别，无疑是中国政府对资源的控制程度和动员力度都要大得多。

首先,通过自上而下的干部任免和管理,中国政府一直保持了强有力的管理和控制,从而从人事上保证了对稀缺资源的绝对控制。

其次,通过对包括土地、石油、天然气在内的稀缺资源型生产要素的国家控制,实现了对上游生产性资源的国家控制。例如,对土地等生产要素实行国有制和集体所有制,使得从中央政府到各级地方政府都有很大的操作空间,通过提供廉价的土地来推动特定产业的发展和招商引资(参见本书第二章),实现资源的定向配置。

再次,除了重要生产要素的国有制外,中国还存在大量的"国家队"(national champions),即那些自20世纪90年代国有企业改革以来所形成的大型和超大型中央企业。黄亚生(Huang,2008)注意到,"抓大放小"有两个组成部分:"放小"是通过破产、转让和转制,让中小国有企业由市场决定命运;"抓大"是在"放小"的同时,把更多的资源更集中地向剩下的国有企业(尤其是中央企业)进行倾斜,支持后者的发展壮大。在"抓大放小"战略的指引下,2003年在原中共中央企业工业委员会的基础上进一步成立了国务院国有资产监督管理委员会,对100多家中央大型企业的国有资产的保值增值进行监督,推进其现代企业制度建设,并推动国有经济结构和布局的战略性调整①。虽然"抓大放小"的直接经济效果很难被精确衡量,但它无疑促进了国企尤其是央企的大发展。目前,作为"国家队"的近100家央企不仅获得了源源不断的财政补贴和优惠贷款,而且在大批战略性行业和上游产业(如石油、天然气、民航、邮电、通信、铁路、电力)等领域占据了近乎垄断的地位。

最后,中国牢牢地掌控着一个庞大的金融体系,尤其是以银行为主的金融体系。目前按资产计,中国已经拥有包括银行、股市、债券市场等在内的全球最为庞大的金融体系。通过对利率、汇率、市场准入和银行信贷(规模和结构)的

---

① 对于一些战略性更强、地位更重要的中央企业,其人事任免则由中共中央组织部直接管理。

管制,再加上通过对金融体系的国有制和高层人事任免控制,中国政府对金融体系保持了强大的控制和干预能力。其中,一个以国有银行直接融资为主的金融结构是中国政府能够管控融资格局的核心所在。截至2016年,银行贷款余额达10.7万亿美元之巨,银行信贷与GDP的比例达128%。2010年,全部商业银行的资产达15万亿美元,其中四大国有商业银行(中国银行、中国建设银行、中国工商银行、中国农业银行)占了近60%。除此之外,四大国有商业银行还占了金融体系全部金融资产的45%(Walter and Howie,2013)。以银行间接融资为主的金融体系一直是各国尤其是发展中国家实行金融抑制政策、推行产业政策的主要特征。

因此,与传统"三位一体"的以重工业优先发展赶超战略不同但类似的地方在于,20世纪90年代以来,中国已经基本形成新"三位一体"的国家干预:以国有制为基石的稀缺生产要素和生产资料所有制,以国有企业尤其是央企为核心的战略行业(尤其是上游产业)国家垄断,以及包括产业政策和银行间接融资为主的资源配置体系。这种新"三位一体"的国家干预和自1992年开始建设的社会主义市场经济下的市场体系的结合,就是20世纪90年代以来中国模式的基本面貌。这种"三位一体"的国家干预也是中国模式和亚洲发展型国家经济模式的一个显著区别。

首先,和典型发展型国家相比,"三位一体"国家干预的经济模式的资源汲取和动员能力要强大得多。从收入汲取能力上来看,图1.4显示,1994年分税制实施后,1995年财政收入占GDP比例到达最低点(11%),之后该比例就不断上升,到2014年上升到24%①。这一比例虽然从国际比较的角度来看并不算高②,但实际上,政府通过国有资产所直接掌握的收入流要远远高于这个数字。有学者指出,如果包括政府的基金收入(例如土地财政收入,2017年

---

① 如果按照财政支出来计算,1997—2017年,一般财政支出从占GDP比重的11.7%增加到24.6%,提高了12.9个百分点。
② Baunsgaard and Keen(2010)统计了1978—2006年世界各国的税收占GDP的比例。其中,低收入国家、中等收入国家和高收入国家的这一比例分别为14.5%、18.7%和32.5%。

图 1.4 预算内财政收入占 GDP 的比例(%)

资料来源:CEIC,作者计算。

约为 5 万亿元)、国有企业资产的机会收入(2017 年约为 8.6 万亿元)、社会保险基金收入(扣除支出后的累计余额,2017 年为 7.6 万亿),那么整个经济的宏观税负约为 42.6 万亿元,占 GDP 比例高达 51.5%①。

由于强大的资源汲取和动员能力,政府能够把储蓄率和投资率提高到相当高的水平。例如,有研究者早就注意到日本、韩国等发展型国家的固定资本形成可以在较长时间内维持在比国际平均水平更高的位置。例如,从 20 世纪 60 年代到 21 世纪初,日本和韩国的固定资产形成与 GDP 比例长期高于国际平均水平(图 1.5),其中,日本这一比例长期维持在 30% 以上,直到 20 世纪 90 年代之后才有所下降,但仍然高于世界平均水平。韩国这一比例虽然起点

---

① 盛洪:"政府份额膨胀,利润空间将尽",FT 中文网,2018 年 9 月 30 日,http://www.ftchinese.com/story/001079627? full = y。其他学者也通过各种方法予以了估计。Naughton(2017)的算法包括了税收收入、土地基金收入、社保收入和国企利润,其总和占 GDP 比例 2015 年为 38%。韦森(2018)按企业税收占总利润的比例,认为近几年企业总税负为 63.7% 以上。

较低,但提高速度很快,并在20世纪80年代后超过日本,最高峰甚至达到了40%。但日韩和中国相比又有所逊色,因为中国这一比例尽管起点较低,但显然后来居上。事实上,从20世纪90年代末开始,中国就超过了日韩,甚至在2009年达到45.6%的高位。同时,在这个投资热潮中,来自国有部门的投资(包括政府投资和国有企业投资)一直都占有非常重要的位置①。

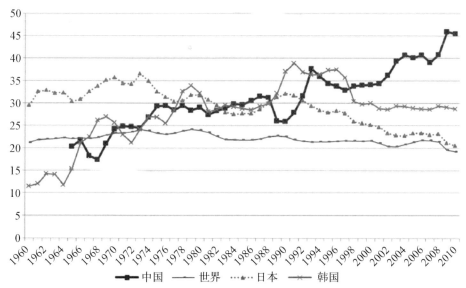

图1.5 中国、日本、韩国的固定资本形成与GDP的国际比较(%)

资料来源:转引自Su and Tao(2017)。

---

① 根据东吴证券研究所的一份研究报告,从2014年开始,中国民营投资占比出现了系统性的下降,从2014年最高的65%降至2017年最低的60%。他们认为,这主要是因为政府部门的基建投资和信贷的国企倾向对民营投资产生的挤出效应。参见http://toutiao.manqian.cn/wz_evDUovNeIF.html。笔者想指出的是,从统计上讲,如何定义国企投资和私营投资实际上是个非常复杂的问题,因此不同的研究者常常会根据自己对该问题的理解和统计口径的不同而得到不同的数字,即使是官方数据也因为透明性和股权结构的复杂而使得这一问题颇具神秘感。例如,另一份最近的研报则认为,民营固定资产投资的最新趋势实际上是在扩张中。参见李迅雷:"中国居民用电量增长之谜",http://money.163.com/18/1006/14/DTEM8BSM00258105.html,2018年10月6日。因此,这里所引用的数字仅仅是为了反映目前市场的一个广泛的看法,但在学术上并不具有权威性。

同时,这种极高的资源汲取和动员能力与强大的经济社会管控能力结合在一起,表现出明显的政策偏好且具有十分明显的分配效应。

一是有能力通过各种政策工具和手段引导和带动资源流向,实现政策优先目标,如通过产业政策、各种开发区建设、城镇化等来实现国企(尤其是央企)做大做强、招商引资、产业发展和技术升级。例如,从 20 世纪 90 年代的"抓大放小"以来,作为"国家队"的中央企业获利巨大。实际上,1991 年国家就挑选了 55 家国企要把它们培养为成为核心企业集团,1997 年又把该名单扩大为 120 家(Huang,2008)。2001 年又规划要把 30—50 家国企组建成"国家队"。在政府的不断推动下,中央企业获得了极大的政策支持和资源,成长速度十分迅猛。据统计(罗志荣,2010),截至 2010 年,中央企业 82.2% 的资产集中在石油石化、电力、国防、通信、运输、矿业、冶金、机械行业,承担着我国几乎全部的原油、天然气和乙烯生产,提供了全部的基础电信服务和大部分增值服务,发电量约占全国的 55%,民航运输总周转量占全国的 82%,水运货物周转量占全国的 89%,汽车产量占全国的 48%,生产的高附加值钢材约占全国的 60%,生产的水电设备占全国的 70%、火电设备占 75%。在国民经济重要行业和关键领域的中央企业户数占全部中央企业的 25%,资产总额占 75%,实现利润占 80%。在全球金融危机爆发后,2009 年年初,政府又向央企提供近 100 亿元人民币以充实其资本金(Pearson,2009)。以上数字仅仅是冰山一角,但也足以看出,这种偏向国企尤其是央企的政策倾斜和支持力度,是非国有企业尤其是私营部门企业所无法比拟的。这种建立在政府资源汲取和占有基础上的反映其政策偏好和干预力度的政策倾斜和资源导向,其力度之大、持续时间之长,是亚洲发展型国家很难匹敌的。除此之外,考虑到无论中央政府还是地方政府,还可以利用产业政策、招商引资、基础设施投资和开发区建设等手段的结合,以及其他非政策性手段(如法律和社会性干预),那么可以判定中国政府对经济的干预程度会更高。

二是在这个过程中,政府、资本和劳动等各个社会经济主体从经济增长

第1章　发展型国家视角下的中国经济发展模式

和发展中所得到的利益份额大不相同。政府由于其本身对关键自然资源和稀缺生产要素的控制，以及其作为政策制定者的强势身份，无疑得到了很大的收益。上文有关政府资源汲取能力和税负的讨论，在很大程度上表明政府在整个国民经济中获得了相当多的资源，并且这种态势在21世纪更加明显，并引出是否有"国进民退"的争议。

作为经济发展的其他主体，资本和劳动所得也直接受到发展模式的影响。虽然中国和亚洲发展型国家一样，其经济政策体现出了很大的"亲商"性质，但差异也很明显。和亚洲发展型国家相比，中国各级政府的招商引资的热情更加明显。例如，从20世纪80年代起，中国政府就采取措施，通过设置经济特区和开放沿海城市等方式大力吸引外资。进入20世纪90年代以后，随着市场经济体制的建立和市场的进一步开放，全国范围内形成了招商引资的热潮。各级政府竞相通过各自的产业政策和经济手段向企业提供优惠政策和条件，实现引进产业和投资，以刺激经济增长（见第二章）。在这个过程中，政府的政策明显更倾向于资本而不是其他生产要素。

三是尽管政府的"亲商"倾向总的来说表现得十分明显，但这并不意味着政府在资本面前不具有强势的谈判能力。实际上，和发展型国家文献里所强调的政府仅具有嵌入自主性不同的是，中国政府对社会（包括商界）可以是深度嵌入的同时，还具有明显的强势地位，例如本身具有制订并修改包括优惠政策在内的权力和手段。这使得政府在一定条件下可以表现出"亲商"的一面（如在招商引资中向资本提供优惠条件），但同时在很多情况下，即使资本在一个强势政府面前也明显处于弱势（见第三章）。换言之，中国的发展模式中的政府干预即使具有"亲商"的一面，但并不能和"亲市场"直接画等号。

四是即使中国模式和东亚发展型国家都具有"亲商"的一面，但和后者相比，前者对再分配性质的社会和福利政策（redistributive policies）并没有显示出更多的偏好，即"亲商"也不能和"亲社会"直接画等号。例如，和很多发展中国家不同的是，中国基本上不存在那种直接向部分（收入最底层）居民直接分发物资和现金之类的再分配政策①,也没有建立起一个城乡统筹的社会保障体系。虽然市场经济体制不断完善且中国目前已经初步建立起一个复杂的医疗保险体系,但目前的财政系统向教育、医疗、失业救助等方面的公共投入仍然很少(Frazier,2004;Solinger,2005)。例如,2014年中国财政支出中用于教育的比例占3.6%,用于医疗健康的比例占1.6%,这些数字都远远低于相同发展阶段的国际标准。社保涵盖范围基本上仅限于城市居民。截至2013年,被包括在养老金和医疗保险范围内的民工比例仅分别为15.7%和17.6%,并且之后一直进展不大(Naughton,2017)。

以上收入分配的格局,已经通过各种社会经济现象表现出来,其中一个表现就是存在一定的社会收入分配差距。以人均收入计算的基尼系数为例(图1.6),2005年这一系数为0.34,此后一直处于上升态势,2010年达到高峰0.53,之后略有下降,但2014年仍高达0.49。如果按照存量而不是增量来看,也有相近的结论,甚至更为严重。例如,根据《中国民生发展报告2016》的数据,2012中国家庭净财产的基尼系数达到0.73(1994年和2002年的数字分别为0.45和0.55),在该报告所涵盖的样本家庭中,财产最多的1%的家庭占有全部样本家庭1/3以上的财产,收入最低的25%的家庭拥有的财产总量仅在1%左右。到2016年,这些数字分别为0.7(基尼系数)、29.7%(顶端1%的家庭拥有财产在全部家庭财产中所占比例)、0.9(底端25%的家庭拥有财产在全部家庭财产中所占比例)(谢宇等,2016)。显然,我国的收入分配差距问题要比亚洲发展型国家更为严重。

另一个反映收入分配格局的表现是看政府、资本和劳动在国民收入中所占的份额,这反映了不同的主体在经济增长和发展中所处的地位和谈判能力。图1.7反映了GDP构成中政府(以税收收入/GDP表示)、资本和劳动所

---

① 目前,约有2 000万城镇居民和5 000万农村居民获得了直接的最低收入补助,并且在具体政策落实上,各地差异很大,平均补助规模很低。例如,在经济较发达的浙江省,平均月补助额不到400元,其他的省份数额更低。

第1章 发展型国家视角下的中国经济发展模式

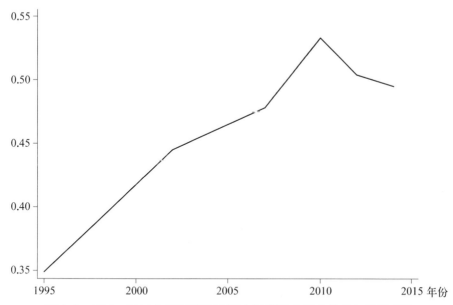

图1.6 1995—2014年基于家庭户调查计算的中国人均收入基尼系数

资料来源：Kanbur，Wang，and Zhang(2017)。

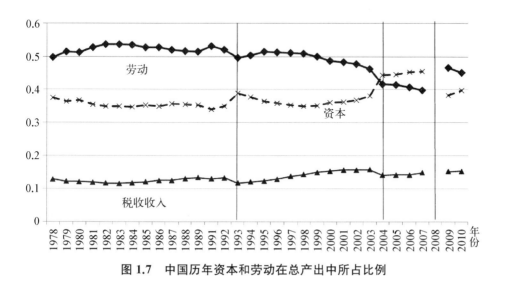

图1.7 中国历年资本和劳动在总产出中所占比例

占的份额。可以看出,20世纪80年代改革初期,劳动收入与GDP比例有小幅上升。从20世纪90年代开始,资本和劳动比例均有一定下降。但从20世纪90年代后期开始,资本比例上升而劳动比例进一步下降,前者更于2004年反超后者,并在此后一直保持这一趋势(Su and Tao 2017)①。

图1.8则给出了Dollar and Jones(2013)对中国的劳动收入与GDP比例的另一个估计结果(根据不同的数据来源)并进行了国际比较。可以看出,无论用何种数据估算,中国的劳动与GDP比例都呈现出明显下降的趋势,从1993年的0.51(按4种不同估计的平均值计)降至2007年的0.43(按4种不同估计的平均值计)。同期世界各国这一比例的平均值为0.66,72%的国家均值在0.6—0.8的范围。显然,中国的劳动与GDP比例在世界范围内处于较低水平。其他学者的估计也得到了类似的结论(Bai, Hsieh and Qian, 2006; Lardy, 2012)。

因此,和任何经济增长会出现的情况一样,中国的经济发展模式不仅取得令人瞩目的成绩,同时也具有明显的分配效应,并且这种不尽如人意的分

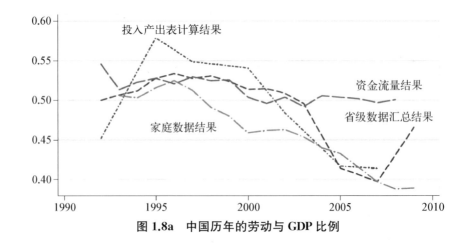

图1.8a 中国历年的劳动与GDP比例

---

① 2009年两者比例又出现变化,但这和统计口径改变有关,并不能得出劳动与GDP比例重新上升的结论。

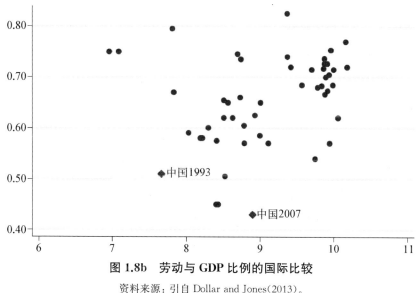

图 1.8b　劳动与 GDP 比例的国际比较

资料来源：引自 Dollar and Jones(2013)。

配效应也常被看作是发展的成本之一。事实上，中国自 20 世纪 70 年代末开始改革开放以来，40 年的经济增长也带来了很多问题，包括收入分配差距扩大、环境污染、社会治理滞后和社会矛盾加深等，这些问题无损经济发展的巨大成就，但也不容忽视。例如，有研究估计，因环境问题造成的 GDP 损失，在 2004 年达到 GDP 的 3%，2011—2016 年这一比例上升到 5%—6%（Hook，2012；Gustke，2016）。根据环境保护部和国土资源部 2014 年 4 月发布的报告，耕地受污染的面积占 19.4%，其中轻微、轻度、中度和重度污染比例分别为 13.7%、2.8%、1.8% 和 1.1%。显然，发展的代价十分高昂。这也和传统的亚洲发展型国家形成强烈的对比。后者用了近 30 年的时间从发展中国家成功实现工业化并进入中高收入经济体之列，但在这一过程中并没有出现大范围的环境污染和不断扩大的收入分配差距等社会矛盾。

因此，一个合理的针对中国经济发展的解释框架不能仅仅只注意到其成功或缺陷的一面，而应该能够同时对两者进行逻辑自洽的解剖和分析。本书主要从两个角度入手分析中国经济的发展模式。

一个是从经济政策制定的角度分析经济增长的分配效应。首先,所谓发展模式,是一系列经济政策、各个参与者(包括政策制定者和受众,如企业、劳动者和其他参与主体)的行为和相互作用,以及其结果的综合表现和典型特征。从经济政策的视角来看,众所周知,经济政策通过影响资源配置和要素相对价格,不仅会直接影响增长的结果,而且其本身就具有分配效应。例如,产业政策通过向特定行业或企业优先分配稀缺资源(信贷和补贴),对其他行业和企业就产生了挤出效应。进口替代战略会降低国内被保护行业和企业的投入价格或提高其产品的国内价格,但对其他行业和企业而言,则提高了其投入成本。在这些例子中,经济政策的受益者和成本负担者是不同的,政策本身也往往被看成是外生给定的。但实际上,考虑到政策的分配效应,这些政策是否会被采纳和实施,本身就应该看成是一个内生变量。换言之,可能正是因为政策具有特定分配效应,即受益者和受损者具有特定的分布,才使得一些政策能够被采纳和贯彻的同时,而另一些政策则没有被采纳或贯彻。本书第二章将以经济政策的分配效应为基础,从政策制定者的角度出发,分析其政策选择的激励和约束。本书认为,政治精英进行政策选择时,不仅有动力选择那些对自己有利的政策,而且会为了给自己争取更多的支持者,尽可能选择那些对后者更有利的政策,同时把政策的成本(包括其后果)尽可能地向那些非支持者进行转移。由于经济发展模式和政策选择本质上是一种资源和利益的分配方式(包含收益的分享和相应的成本及负担的转移),因此,政治精英选择或支持一定的经济发展模式和经济政策来完成特定的经济资源和利益的分配,以实现自己的政治经济利益最大化。第二章的内容因而奠定了本书的基本逻辑和分析框架。

本书另一个角度是聚焦于地方经济发展模式,从地方政府尤其是省内[①]地方领导层和下级地方官员的角度考察地方经济发展模式的特征和效果。

---

① 为行文简洁,如无特别说明,本书中的省包括省、自治区、直辖市。

这主要是出于两方面的原因。首先,地方经济是中国经济的有机组成部分,中国经济发展的成就和缺陷会直接通过地方经济发展的模式映射出来。如前文所述,中国经济发展模式的特点和发展型国家有很多类似的地方和差异,而这些特点的大多数实际上也是地方经济发展的特点。例如,虽然地方政府并不像中央政府那样拥有丰富的资源和强大的动员能力,但20世纪90年代以来地方政府的强政府投资驱动型的地方发展模式和我们所观察到的中国经济模式本质上是一致的。这表现在两点:第一,20世纪90年代以来,宏观经济体制和政策环境有了很大的变化,如统一的市场体系的建立、国家发展战略重点从地区试验局部突破转到强调社会经济统筹发展和地区均衡发展、实行"抓大放小"和分税制等。在制度变迁的推动和压力下,地区竞争和学习效应使得地方政府的经济发展模式出现很大的趋同,即各地的经济发展模式不再是像20世纪80年代那样利用制度落差进行制度突破和创新,而是通过政策优惠刺激地方工业化和城市化,从而呈现出一定的趋同趋势。例如,从20世纪90年代起,各地争相开始大力"招商引资",即通过向投资者提供各种优惠条件,以吸引投资通过土地财政来扩建产业园区和开发区、招商引资、发展房地产,其结果是在地方工业化和经济增长的同时,带来了如生产要素价格扭曲、收入差距扩大、债务积累、杠杆率上升、腐败和社会矛盾加剧等问题。这体现了中国经济发展的双重性质。因此,解剖地方经济发展模式的形成、特点和后果,包括其政策驱动力和其收入分配效应,会大大有助于我们理解中国经济发展的动力、路径和性质,尤其是其背后的政治经济逻辑。第二,尽管地方经济发展模式在20世纪90年代后存在着很大的趋同,但与此同时,地方经济发展无论是其内容还是绩效也存在着极大的差异。无疑,在中国这样一个幅员辽阔、社会经济条件复杂的国家,不同地方的经济发展的模式存在差异并不令人奇怪。例如,早在20世纪80年代,由于各地的对外开放、工业化、私营企业、乡镇企业的发展程度和方式都存在很大差异,因而就有"深圳模式""温州模式""苏南模式"等。这些地方模式因为在改革力度和制度突破路径、工业化方式、所有制结构、对外资的依赖度等方面各有特色，因而声名鹊起、各领风骚。20世纪90年代以来，即使以土地财政为代表的地方发展模式大行其道，但无论从推行的力度还是结果来看，各地的差异也是非常明显的。例如，对招商引资的热情和力度、收入分配差距的程度、对民营经济产权的实际保护程度等，不同地方都表现迥异，甚至在同一个地区内部都可以有很大的差别(章奇、刘明兴，2016)。因此，在地方经济发展模式的共性之外，也需要对其差异进行逻辑一致的解释。

本书将从第三章开始，针对20世纪90年代以来的地方发展模式展开具体的讨论和分析。第三章和第四章以土地财政为典型，针对这一时期地方经济发展模式展开介绍和分析，目的是通过对土地财政的发展、内容和表现的描述，说明发展模式不仅仅是一种生产和投资方式，也是分配工具，即通过一系列的政策工具(包括土地政策、招商引资和其他相关政策)，实现经济增长成果在不同市场参与者之间的分配。第五章是根据第二章的理论框架，在第三章和第四章的基础上，利用省级数据对本书理论进行检验。最后一章(第六章)则进一步把本书的基本分析框架扩展到地方政商关系、产权保护和社会资本发育上，这将进一步表明本书的理论分析框架具有理论上的一般性和更广阔的应用空间。

第2章

经济发展、政策选择和政治激励

2.1 经济政策的逻辑：一些现有的假说

2.1.1 选举体制和利益集团假说

经济政策是经济增长和发展中至关重要的一个环节，它直接关系到经济增长和发展的结果，其制定的逻辑一直是制度经济学和政治经济学的研究焦点。无疑，在经济政策的形成和实施过程中，有很多因素都在起作用。例如，从制度选择和变迁的角度来看，在制度所提供的服务一定的条件下，实现收益最大化或成本最小化的制度会成为最终的选择，不满足上述条件的制度会被其他满足这些条件的制度所取代（North and Thomas，1973；林毅夫，1992）。同样的分析也适用于政策的选择。但这种观点一般更多地考虑制度或政策的经济效率，很少考虑在实际中制度在很大程度上不仅仅取决于其自身经济意义上的效率，而且要考虑到因为政策的分配效应，各个利益相关方会根据自己的集体行动能力和最佳策略进行博弈，从而影响最终政策选择及其效果。

但在这方面，第一章所介绍的发展型国家文献却缺少一个逻辑一致、令人信服的解释。如第一章所介绍的那样，此类文献虽然观察到了发展型国家的一些典型特征，但更多的是对现象的归纳性描述而不是对其进行深层次的分析。例如，此类文献强调职业化和具有独立嵌入性的官僚阶层的重要性，尤其是技术官僚（technocrat）的重要性，因为他们在政策制定上具有专业知识，也知道如何才能实施这些政策。作为一个特殊的阶层，其成员均按照严格的程序筛选,其行为具有可预测性,重视自身职业的长远发展,因此该阶层不会受到社会特殊利益集团的影响,从而能够独立地制定并实施那些会有利于社会整体的政策。一些经验研究的确也发现一个国家是否有"好"的经济政策是和该国是否拥有良好的技术官僚联系在一起的(Williamson,1994)。许多发展中国家缺乏足够的技术官僚,国家机构的独立性无法得到保证,裙带主义盛行,因而无法保证进行经济改革或实施好的经济政策(Harberger,1993;Williamson,1994)。但显然,这没有说明这些"好"的官僚是如何产生的,以及为什么不同的官僚会有不同的激励和行为。正如姚洋(2013)所批评的那样,此类文献预设会有"好"的官僚,然后再得到他们如何制定"好"的政策的结论,这在逻辑上是循环论证。发展型国家文献也注意到了这一点,但大多数文献主要是从历史遗产中寻找答案(Haggard,2018)。问题在于,历史最多只是提供过去和现实具有相关关系的线索和现象,它本身不带来因果关系的解释,并且历史遗产自身也是有待被解释的对象(Liu Yaling,1992;章奇、刘明兴,2016)。

除了第一章所介绍的发展型国家文献之外,有很多理论假说从不同的视角来分析经济政策的政治经济学逻辑,但最普遍的分析范式是在政策制定者(政治精英)服从理性和自利的假设基础上,讨论其激励机制和政策选择。一个因素就是制度环境,尤其是选举制度和政体的影响。例如,是多数占优选举制(majoritarian)还是比例选举制(proportional),是总统制还是议会制等。一方面,这些制度在很大程度上通过政治竞争程度和选票来源等渠道,决定了政治精英会如何去通过政策满足选民的偏好,从而获得选举或连任。例如,是通过财政政策或货币政策使得资源向那些摇摆选民(swing voters)倾斜,还是向自己的忠诚选民(loyal voters)倾斜。另一方面,它们也影响了选民对政治精英的监督和约束,例如,是更偏向有能力的政客还是具有更好行为特征的政客。同时,这些因素也会影响政客对政策的操纵空间,例如,是否可以通过政策来获取私利等(Persson and Tabellini,2000)。

第 2 章　经济发展、政策选择和政治激励

除了这些正式制度之外,利益集团的集体行动能力也是一个重要的因素。奥尔森(Olson,1965,1982)很早就注意到了制度和政策选择的分配效应,即政策的成本和收益在不同的社会团体和阶层中的分布是不均衡的,因此,究竟哪种政策会得到采纳和实施,取决于政策对不同社会力量和利益集团的影响以及他们的集体行动能力。前者影响其对政策的偏好,后者影响政策的可行性。例如,如果某项政策的成本十分集中而改革的收益则由很多人共同获得,则和那些受益者相比,政策的受损者更有动力发起集体行动向决策者施加压力,从而导致政策即使有效率却无法得到采纳和实施。同样的逻辑,具有强大集体行动能力的利益集团会努力进行游说或施加压力,使得政府制定更有利于自己的政策。

这种基于利益集团和集体行动能力的研究除了被广泛应用于对制度和政策的分析外,还广泛应用于对其他社会经济变量的影响。例如,市场化的经济改革往往是会提高整体经济效率的,但即使从人数上来看改革的受益者更占优势,改革的受损者的集体行动却会更有效率,从而能够成功地阻止改革进一步发展下去(Haggard and Kaufman,1995)。针对传统利益集团模型的分析,Hellman(1998)在一项对苏联东欧国家经济改革的研究中提出了相反的看法。他指出在一定条件下,进一步改革的阻力更可能来自那些从先前的改革中已经得到好处的团体或阶层。其基本原因在于,市场化改革过程中会产生一些新的经济扭曲,这会增加那些改革受益者的寻租机会。通过发起集体行动,这些先前的获益者会阻止改革进一步贯彻下去,从而继续保留这些市场扭曲,以不断地从中渔利,这样就造成了局部性改革的现象。

上述分析更多关注的是制度比较完善,尤其是选举制度比较完善的国家,但对那些缺乏正式和广泛选举的国家经济政策的分析还比较欠缺。由于后者不存在一个完善的选举机制来反映社会偏好和力量对比,因此,政策制定者在什么样的激励机制下,通过何种方式对不同的利益偏好予以权衡并通过政策反映出来,有待进一步的挖掘。同时,虽然利益集团是所有现代社会

都多少存在的现象,但在制度和社会发展都不完善的条件下,社会利益集团对政策的影响力也可能会比文献中所强调的要虚弱很多(Hoff and Stiglitz,2004)。这是因为和普通的社会性利益集团相比,掌握政治权力的政治精英自身反而有可能就是最大的利益集团。例如,Van de Walle(2001)指出,在很多发展中国家,不能过分夸大利益集团的作用。和发达国家相比,甚至和拉丁美洲国家相比,这些发展中国家无论其政治体制如何,动员或组织社会利益集团(包括农民协会、商业组织或工会等)的能力均较低。当政府决定实施某项政策时,这些社会集团阻止这项政策的能力也是极其有限的。Van de Walle(2001)同时指出,在非洲国家的经济改革中,正是那些国家的上层精英(包括顶层技术官僚)构成了进一步实施市场化改革的最大障碍。即使对发展型国家而言,虽然一般强调其政府具有嵌入自主性,但实际上政府和利益集团的关系非常复杂。在中国,由于政府的强大社会控制能力和资源动员能力,可以认为社会利益集团对政府的影响要比其他发展型国家弱很多。

2.1.2 "坐寇"理论和绩效合法性假说

当然,针对制度不完善条件下经济政策的选择和实施,已经有很多研究者从政治精英激励机制出发进行了分析。在这方面,奥尔森及其合作者(McGuire and Olson, 1996; Olson, 1993, 2000)指出,如果最高统治者在位时间足够长,那么就有充分的原因从长远的角度来发展经济,以最大化未来的税收收入。这意味着具有长远眼光的统治者会通过提供良好的治理(governance)、制度和政策来实现经济增长。因此,即使是非选举条件下产生的政治精英,他们也会像"坐寇"(stationary bandit)一样,最大化自身权力在长期内的回报,为此需要通过向民众提供公共物品和服务的方式来制造经济增长获得收入和现金流。根据这一"坐寇"理论或"经济上仁慈的独裁者"(economically benevolent dictator)假说,从政策实施的角度来看,此类统治者可以杜绝狭隘的利益集团的影响,保证实施那些符合更广泛社会利益的经济政策,而据说此类政策在民主政体下反而因为强大的利益集团的影响而不被采用(Boix,2003;Przeworski et al.,2000)。同样地,这一逻辑指出统治者会通过一定的机制来选贤与能,任用和提拔那些真才实干者执掌国家公器,来推行合适的经济政策,并根据其政绩进行奖惩(Edin,2003;Li and Zhou,2005;Xu,2011)。统治者甚至会模仿制度比较完善的国家来大力进行制度建设,包括采取议会、选举、多党制、联邦主义、执政党的干部科层等级制及其领导层的中央委员会等各种形式。这些制度的存在,不仅意味着制度的包容性更强(Gandhi and Przeworski,2006),而且这些制度一旦建立就对统治精英的权力构成了限制,对其行为具有一定的约束力,使得统治者不能随意侵犯投资者的产权安全,从而对经济增长起到一定的促进作用(Gandhi,2008;Wright,2008)。

除了坐寇理论外,绩效合法性(performance legitimacy)的观点也有一定的影响和代表性。这种观点指出,如果施政者的政策能够带来持续的经济增长、提高就业率、增加收入等,就会大大提高其社会上的政治支持率(即民众支持率),从而其政策制定和选择也就具有了相当强的增长激励。不过,虽然这种观点从其自身逻辑上讲问题不大,但其解释力并不强。这种观点想当然地把社会公众的政治支持程度看成是对政治精英非常重要的因素,甚至认为前者会对后者的政治生涯起到最重要的作用,但实际上无论是直觉还是经验现实都与之相差甚远。事实上,在非选举体制下,政治精英的权力和来自社会的支持关系并不直接。数据也显示出这一点,即在非民主体制下,政治精英的政治生存更多取决于政治精英内部的内在冲突,而不是社会支持程度的高低。例如,近年来的研究指出,第二次世界大战以后非西方民主体制下的领导人大多数是以除自然原因和按宪法规定的方式以外的非正常方式(占有效观测样本80%)下台的。在这80%的样本中,只有11%是由于民众的抗议或革命导致的,其他都是因为精英内部的争斗(包括暗杀、政变等方式)所导致(Svolik,2012)。同时,在社会需求和偏好无法进行显示以及社会公众很难对政治精英进行问责的情况下,所谓绩效合法性也无从验证。这样一来,建立在这一观点之上的各种假说其合理性是受到质疑的。

即使是坐寇理论及其衍生的各种理论和假说也受到了很多质疑。很多人认为严格意义上的坐寇并不存在。这是因为,在制度不完善尤其是缺乏选举制度的环境下,政治精英的权力在很大程度上无法通过现有的制度安排来保证(例如,不存在一个具有可信赖的第三方来保证现有的权力安排不受其他力量的挑战,尤其是通过暴力而不是在现有制度框架下寻求改变),而是取决于不同力量之间的实力对比。换言之,即使掌权很久的政治精英(或其代表的统治集团),也无法确保自己的权力不受挑战。也就是说,不存在严格意义上的坐寇(Haber, 2006)。因此,如何保住自己的政治权力或政治生存是所有政治精英的首要目的,而不是推进经济发展或获得最大化收入流,后者充其量只是政治精英在保证政治生存的前提下所欲达到的众多目标中的一个,其必要性和重要性取决于其他社会经济条件。

在政治生存成为政治精英优先目标的情况下,各种依赖于坐寇假设的理论分析均会受到冲击。首先,那些认为政治精英会通过自上而下的制度性建设来鼓励经济增长的分析没有考虑到经济增长只是用来保证政治生存的手段之一,甚至可能还算不上是最重要的手段。并且,政治精英完全有可能为了保证自己的政治生存,在一定的条件下更优先考虑非经济的目标而不是经济增长,即可以为了保证政治利益而放弃或部分放弃经济利益和经济效率。这和对绩效合法性观点的质疑实际上是一致的。

另外,在政治精英是坐寇的假设下,政治精英会主动接受正式制度的约束以吸引投资者,即正式制度一经建立,就具有可置信(credible)的效力和约束力。但针对坐寇假设的质疑会同样动摇这个假设在现实中的合理性。这是因为,在现实中可能完全不存在一个独立的有约束力的第三方机构对现实政治博弈进行仲裁,同时参与政治博弈的各方也完全有可能诉诸正式制度以外的渠道来解决分歧和争端,因此任何一方都有可能违背制度的规定做出机会主义的行为,通过牺牲其他人的利益来实现自己的利益(Svolik,2012)。在这种情况下,即使正式制度表现出了一定的约束力,也仅仅反映了制度背后的参与各方实力的均衡,即任何一方对现有制度的遵守都是因为违反这一制度就会受到其他参与方的反击和强力制裁(Svolik,2012;Boix and Svolik,2013)。同样的逻辑会进一步指向内生性问题,即正式制度约束下所形成的结果也不能仅仅归结为制度的作用,而是形成这些制度背后的政治力量的博弈,尤其是彼此之间的实力对比所形成的势力均衡情况(power balance)。一旦有一方的实力相对占优,那么这一实力占优方本身就不会接受制度的约束,而可能采取机会主义行为去侵害其他各方的利益,而后者则无法对其进行反击或制裁(Svolik,2012;Greitens,2016)。

2.1.3 政治生存视角下的分配性政治假说

正因为绩效合法性假说和坐寇理论均存在一定局限性,许多学者开始重新审视和思考政治精英政策选择的激励和动机。这方面,很多人认为,包括领导人在内的政治精英的首要动机应该是政治生存,即保住自己的权力,并在此基础上获得更多的权力(如保住现有的职位、获得晋升等)。要到达这个目的,可以通过各种策略和手段。但无论采取什么样的策略和手段,一般都可以分为两类:一个是诉诸暴力对付自己的反对者;另一个是通过利益分配进行收买。前者是通过强制性手段或以强制性手段为威胁,对反对力量进行弹压;后者是通过一系列的方式和手段,向自己的支持者分配利益,包括经济和物质利益、能带来资源或回报的岗位和工作等。也包括向潜在的反对者或中立者输送利益,以换取他们的服从和配合。这种策略及其相应的政策工具被统称为所谓的分配性政治(distributive politics)。一般来说,政治精英很少仅仅单独使用一种手段,更多的是通过两个手段的结合来实现自己的目的。无论是暴力强制还是收买,都有自己的适用范围和局限性。由于经济政策选择更多和利益分配相关,同时在现实中,分配性政治,即把重要的职位、工作机会、银行贷款、财政资金分配给对体制忠诚和服从的人或自己的支持者和追随者,也的确是政治精英进行利益分配和再分配的重要手段和策略,因此这里把分析的重点放在分配性政治上。

从实施手段上来看,分配性政治可以通过两个途径实现。

1. 正式制度和制度化手段(institutionalism)的作用

前文曾提及,政治精英通过建立起包括议会、选举、多党制、联邦主义、执政党的干部科层等级制等各种形式的正式制度,就对自己的权力构成了限制,对其行为具有一定的约束力,使得统治者不能随意侵犯投资者的产权安全,从而对经济增长具有一定的促进作用。许多研究者指出,除此之外,这些正式制度还可以成为实施分配性政治策略的有效渠道。例如,无论单一政党(single party)制还是主导政党(dominant party)制,都通过优先占有和垄断稀缺资源享有较高的待遇和福利,并鼓励体制外的精英甚至普通民众通过竞争进入统治精英的官僚体系来获得这些利益(Lazarev,2007)。不仅如此,在获得低级职位后要获得更高的职位从而得到更多的利益,就必须继续为此付出更多的努力(Belova and Lazarev,2013;Svolik,2012)。这种把政党体制和官僚干部管理体系结合在一起的制度设计,把不同水平的利益分享和进入壁垒及官僚层级联系起来,不仅仅把体制外的力量源源不断地通过利益机制吸纳到体制内,而且进一步地使得统治阶层内部不同级别的官员也有很大的动力继续保持对体制的忠诚并为之效力。

除此之外,由于对稀缺资源的垄断性占有,政治精英还可以通过对稀缺资源的直接分配来获得服从和支持。例如,通过对土地产权、生产性资料(如化肥、种子)、食品和住房补贴、奖学金、政府福利和特权的垄断和分配,政治精英可以确保只有对自己服从和忠诚的其他社会精英和民众才有资格获得这些资源,这也是对那些不服从者的一种惩罚(Lust-Okar,2005;Magaloni,2008;Wintrobe,1998)。换言之,政治精英通过把制度化安排和其对稀缺性资源的垄断结合在一起,不仅可以维护体制的稳定,同时也提供了一个稳定和庞大的庇护体系(patronage system)来维护和巩固其政治生存(Magaloni,2006)。

2. 非正式制度(informal institutions)的作用

与此同时,由于正式制度的作用有限,尤其是对解决精英内部博弈的作用有限,政治精英也会诉诸非正式制度来巩固和维护自己的权力基础。其中一个重要表现,就是在政治精英个人关系和职业经历的基础上构建权力和社会网络,形成一个个的权力网络和小集团。这些权力网络和小集团以其权力代表——宗主(patron)为中心,和其他人(如其下属或其他政治、社会力量)以利益交换的方式形成利益共同体(Nathan,1973)。宗主向其支持者和追随者提供政治保护或经济利益,包括保护、晋升、给予稀缺资源等,而后者则向前者效忠,并向前者提供政治支持和资源以换取前者相应的恩赐。显然,这是一个以宗主个人为中心的以利益交换为链接纽带的兼具排他性的庇护体系。

因此,正式制度赋予政治精英法理上的权力(de jure power),但同时正式制度和非正式制度共同起作用决定了政治精英的实际权力(de facto power)及其运作。尽管这一现象并不为某一个别的政治体制所独有,但显然在制度环境并不完善的条件下,非正式制度在分配性政治中更具有发挥的空间,且其作用会更加明显和巨大。

3. 分配性政治的目标对象:选民(voters)和(政党)代表选举团(selectorate)

无论是通过正式制度还是非正式制度进行运作,分配性政治的核心逻辑是通过利益输送和收买的方式来获得忠诚和支持,从而达到维护政治精英政治生存或权力最大化的目的。这里的关键问题是,谁才是利益输送和收买的对象?

在选举体制下,这个问题是比较容易回答的,即收买选民,因为后者的选票对于政治人物的政治生存而言是十分关键的。不仅如此,在选举体制下,什么人会支持自己,以及潜在的支持者在很大程度上也是信息公开且透明的,这就给政治精英操纵分配性政治提供了必要性和可能性。事实上,大量的分配性政治文献围绕着这个问题展开。例如,分配性政治进行惠顾的目标是那些摇摆选民(swing voters)(Lindbeck and Weibull, 1987; Dahlberg and Johansson, 2002; Stokes, 2013),还是核心选民(core voters)(Cox and McCubbins, 1986; Nichter, 2008);通过何种策略来实现分配性政治,如是否通过国有企业;是通过一次性地给予好处,还是通过长时间内有选择性地分配利益的方式给予好处(Albertus, 2013; Robinson and Verdier, 2013)等①。

在非选举体制下,分配性政治遇到一个很大的问题,即由于缺乏或不允许选举,以及相关的一系列问题(如对偏好的自由表达),尤其是对反对意见的强力压制,使得究竟谁是朋友(支持者)、谁是竞争对手(反对者)这样的问题反而变得模糊,从而也就使得分配性政治的出发点变得模糊起来。尽管如此,从分配性政治的逻辑出发,我们可以进行如下的一些基本判断。

首先,在资源有限的条件下,政治精英实施分配性政治的一个必要条件是目标对象的利益和自己相一致,尤其是两者的权力关系要尽可能一致或呈现互补性(如目标对象是自己的同盟者或支持者),因为这时一方权力(利益)的增加会有利于另一方的权力(利益)。相反,在权力关系不一致(从而利益不一致)的情况下,如双方的权力关系是竞争性甚至零和关系,其中一方的权力增加会对另一方权力造成损害。在这种情况下,资源流入任何一方使得其权力(利益)增加都会导致另一方权力(利益)的绝对或相对意义上的损失②。

其次,即使在权力关系一致的情况下,对实施分配性政治的现任政治精

---

① 这方面的研究可参考 Golden and Min(2013)的一个研究综述。
② 例如,一个有能力完成上级任务的下属,如果其权力的增加无助于上级权力的增长甚至会对上级权力形成损害,那么对其进行提拔和晋升或给予其他形式的奖励很可能是以上级权威或权力的损失为代价;而上级交代下属的任务,也很可能对自己权力有利但却是以下级权力的损失为代价。

英而言，其收买目标对象之间的相对重要性也可能很不一样，这和他们所拥有的实际政治地位和权力资源的分布有很大关系，从而导致不同个人或群体的相对重要性也会有差异。在这方面，Bueno de Mesquita 等人(2003)指出，有些个人或群体在选择和剔除政治精英上有直接的发言权，这些人被称作(政党)代表选举团(以下简称选举团)(selectorate)(Roeder，1993；Shirk，1993)。和那些非选举团的个人或群体相比，选举团的重要性会更高。在选举团中，现任政治精英只要得到其中一部分人的支持就足以维持或巩固自己的权力，这部分人和现任政治精英组成了制胜联盟(winning coalition)。显然，和其他选举团成员相比，制胜联盟成员的相对重要性更高。选举团理论进一步指出，对现任政治精英而言，制胜联盟的规模(W)相对于选举团规模(S)的大小是十分重要的变量。如果 W/S 的值很低，意味着 W 很小而 S 很大。在这种情况下，掌权的现任政治精英进行分配性政治的代价就相对较小(因为利益输送的规模较小，对资源的消耗压力相对较小)，而现有制胜联盟成员背弃现任政治精英的机会成本会更高(因为新上任的政治精英会从一个更大的 S 里面挑选 W 成员，因此被重新选上进入 W 的概率会更低)。换言之，政治精英都偏好维持一个较小的 W/S 值来维护自己的政治生存。

同时，即使是选举团内部，也可能因为权力和利益关系的重合和差异而分成不同的集团或派系。例如，中央精英和地方精英(Shirk，1993；Shih，2008；Zhang et al.，2017)、改革派和保守派(Edmund，2008)、强硬派和温和派(或激进派和中间派)等。他们之间的相对重要性也会因为其所拥有的实际权力资源的多少而不同，并且会因为种种原因而发生变化。换言之，选举团重要，选举团的构成(composition)也同样重要(Gallagher and Hanson，2015)。例如，Zhang，Zhang and Liu(2017)有研究表明，全局性的经济政策是在任政治精英统筹考虑选举团结构性特点并通过政策对其利益诉求予以反映的结果，并据此指出了局部性改革均衡形成的原因和动力(Zhang，Zhang and Liu，2017)。

选举团理论对于我们理解经济政策,尤其是非选举体制下的政治精英的经济政策选择具有重要价值。

一是,现任政治精英的政策选择如果的确遵循的是分配性政治的逻辑,那么其目的主要是为了向选举团(即政治支持者)输送利益以购买其支持。至于政策的资源配置效率,实际上并不必然占据政治精英的优先考虑,甚至完全可能导致因为要实现分配性政治下的利益输送而牺牲资源配置效率。例如,市场化和私营企业可能是更有效率的制度安排,但它们可能会对现任政治精英的政治权力形成冲击,从而导致后者对更有效率的市场制度和生产组织方式具有天然的敌意,并更倾向于保护那些没有效率但对巩固自己的政治权力更有帮助的企业或市场组织。这种政治权力下的再分配效应,对产权保护、技术进步和公共物品供给的负面影响是不言而喻的,可以解释为什么有效率的经济制度总是在很多情况下会处于供给不足的状态(Acemoglu and Robinson,2006;Zhang,Zhang and Liu,2017)。

二是,既然现任政治精英会优先照顾选举团的利益,那么在制度不完善尤其是对弱势群体缺乏保护的情况下,由于非选举团通常缺乏权力和资源来保障自己的利益,现任政治精英的政策选择会更加明显地向自己的选举团的利益倾斜,而非选举团的利益则在很大程度上被忽略。换言之,谁对现任政治精英的政治生存越重要,谁的利益就会优先得到照顾和保障,而其他个人或群体的利益则无法得到同等保护或照顾。从整个社会的角度来看,这意味着不同社会群体之间会根据它们同现任政治精英权力关系的联系紧密程度而存在一个存在内生的收入(财富)分配差距。

例如,现有比较政治经济学文献一般都会把社会主体按其政治资源的多少分为精英和民众两个集团。按照这个划分,虽然现任政治精英会把资源在精英和民众之间进行分配来换取两者的忠诚和支持,但由于前者的政治重要性更明显,精英将是分配性政治的主要获利者。例如,无论是信贷资源的分配,还是财政资金的分配,或是对土地等稀缺性生产资料和自然资源的分配,对精英及其利益相关者的优先倾斜是其资源分配的基本特征和结果(Shih，2008；Ang，2016；Pei，2016；Su and Tao，2017)。因此，如果从精英—民众的角度来衡量一个社会的收入分配，那么其收入分配状况将明显向精英有利的方向倾斜。同时，由于各国彼此间的制度性差异很大(即政治资源在精英和大民间的分布不同)，因此各国精英—民众之间的收入差距也会随之发生变异。例如，Malesky 等人的研究(2011)表明，即使政治体制相近的两个国家，由于其具体的制度安排不同，收入分配也会出现很大差异。除此之外，外生的政治和社会革命、经济冲击和金融危机，以及内生的经济和金融自由化，都会通过统治精英对形势的判断、可控制和利用资源的多寡等渠道造成影响，从而影响到后续的经济政策的选择并造成各种政治和经济后果(Magaloni，2008；Pepinsky，2009；Albertus，2015)。

既然分配性政治是向自己的支持者输送利益来购买忠诚和支持，那么其前提就是现任政治精英必须获取足够多的资源或现金流来实现和贯彻分配性政治。换言之，在分配性政治的运作机制中，无论经济政策的最终目的如何，首先都是以拥有相应的经济资源为前提。没有足够的经济资源，包括持续、足够的财政收入或信贷支持，分配性政治就无法正常运转下去。这决定了以分配性政治为主的经济模式首先要进行资源汲取以获取足够的收入。从这个意义上讲，分配性政治下的经济模式也会非常重视经济增长。同时，政治精英还需要作出各种权衡，如在现实收入和未来收入之间获取平衡，以实现持续获取长期未来收入；在获取收入的手段及其成本之间进行权衡，以实现成本最小化等。现实中，政治精英究竟采取什么样的经济模式以及在多大程度上来实现对经济资源的汲取，则取决于很多制度和非制度性的因素，从而彼此之间存在极大的差异。

例如，从国家能力(state capacity)上来看，各国之间就差别很大。一般认为，单一政党和军人独裁体制下的国家能力就要比个人独裁或君主制体制下的国家能力要强，从而汲取能力也更强。尽管如此，即使在前者中，民主化前的韩国和新加坡的资源汲取能力和水平,和苏联、越南等国家相比,前者的资源汲取能力明显要弱很多。后者在意识形态和中央计划体制的支持下,建立起了完整而强大的所谓"三位一体"的经济体制(林毅夫等,2014),实现对社会经济的全面控制和对经济资源的汲取。即使没有建立起"三位一体"的经济体制,很多国家也可以建立起较全面的管制经济,即通过对经济的全面干预尤其是通过管制性的产业政策、金融政策、部门或企业垄断等各种政策组合,来实现对经济资源的掌控。例如,为数不少的发展中国家(包括印度),有很强的倾向采取进口替代的工业化战略(import-substituting industrialization, ISI),其特征就是政府对经济的大量管制(Waterbury,1993)以保证政府对经济资源的掌控,在此前提下再将经济资源优先投入政府优先支持的产业和部门。这一发展战略虽然效率不高,造成严重的财政负担,但同时也保证了资源主要掌握在掌权的现任政治精英的手中。

除此之外,即使对同一个国家而言,是否采取市场化改革、是否加入全球化和对外开放程度、具体的财政管理制度和财政政策、包括央地关系在内的政府间关系和分权制度,甚至一个国家的资源禀赋结构和丰裕度等,均会对掌权的现任政治精英的汲取能力和意愿产生影响,从而最终影响均衡水平下的资源汲取程度。例如,财政分权和财政联邦主义的制度安排一直都被广泛认为会对政府收入乃至地方商业环境造成很大的影响,包括但不限于:经济中是否有足够的私营企业和跨国公司,也会通过各种渠道影响到政府的资源汲取能力和收入;一个国家是否有丰富的自然资源尤其是石油、贵金属等高价值的稀缺资源,即所谓的天降财富(windfall wealth)等。

最后需要指出的是,分配性政治下的政策选择既然并不优先考虑资源配置的效率,那么它不可避免地会带来一定程度的资源配置的浪费,并且有相当的成本。这首先是因为分配性政治的实施以直接掌握和调配稀缺资源为必要条件,甚至以对后者的垄断为前提。在现实中,这一般体现为各种汲取性的政策,如掠夺性的税收、对稀缺资源的国有垄断和经营、严密的政府管制

（包括金融抑制、行业进入限制和许可证制度等）。这些政策很可能带来不容忽视的资源错配、效率损失和严重的腐败，从长远来看反而会因为资源浪费严重、效率低下和经济增长受损而导致可以支配的资源越来越有限，即使对制定这些政策的政治精英也造成了严重的经济负担①。

同时，即使不考虑其对资源配置的效率影响，从分配性政治的自身效果来看，它也是成本很高的政策手段。这是由于边际效用递减规律的作用，即使这一政策会产生一定的效果，但随着时间的推移，要达到同样的效果，就需要付出更高的代价。不仅如此，由于政策实施方和接受方的信息不对称所造成的道德风险和逆向选择，会加重资金和资源配置的无效率而带来的资金和资源压力，迟早会使政策制定者处于资金和资源无以为继的境地，并通过局部甚至全面的财政或金融危机表现出来，从而使分配性政治下的政策体系陷于不稳定甚至崩溃②。

4. 权力结构和精英竞争：分配性政治视角下的政策选择

从分配性政治的视角来看，无论政治精英究竟采取什么样的政策或方式来贯彻这一策略，其逻辑出发点均不会是单纯地提高经济效率和优化资源配置(Li and Zhang, 2018)，而是优先保障自己的政治生存，尤其是通过保障自己的政治支持者的利益来巩固自己的权力基础。这一点对于我们理解政策制定的逻辑非常重要，因为它不仅涉及增长的分配性质，而且指出了政策（包括经济政策）选择背后的激励机制，从而为我们分析经济政策的起源和效果提供了一个逻辑一致的思路。

但分配性政治理论的不足之处也是比较明显的。本书作者认为，这些不足主要体现为以下几个方面。

---

① 当然，如果此时存在预算软约束的情况（如可以持续获得优惠信贷支持、财政补贴），这种经济成本并不构成政策制定者的直接负担。

② 即使政策制定者能够享有持续的预算软约束，也只是把成本进行了转移，在更大的系统内增加了成本。

如上文所述,分配性政治实施的前提是施惠方(patron)和受惠方(client)均明确知道自己的交易目标和对象是谁。但在很多环境中,信息不充分是常态,因而对分配性政治如何在信息不充分的环境下展开并实施予以分析就成为一个十分具有挑战性的难题①。例如,选举人理论(selectorate theory)实际上预设无论是选举人(S)还是制胜联盟的成员和组成(W),都是公开且信息充分,但实际上只有当这些信息是公开的,尤其是通过制度化的方式(如选举、议会、委员会制度等)予以固化和体现时,这一前提才存在。当制度化不能完全揭示这一信息的时候(如非正式制度的运行十分普遍,甚至导致正式制度在很大程度上失效),对分配性政治的运行分析就会变得十分困难。这体现为两点:一是把很多实质上是为了实施分配性政治的政策看成是其他性质的政策,如投资和增长这种分配性质十分明显的政策,在很多时候仅仅从其是否有利于经济效率的角度去分析政策的经济效应。研究者并没有意识到这些政策幕后的分配性政治的性质,从而也就避开了从分配性政治的角度予以充分的分析和讨论,无法回答这样的政策为什么会存在以及会如何演变之类的问题。这导致此类分析甚至是争论,无论针对的是政策的起源还是其发展方向,均有隔靴搔痒之感②。二是即使知道某项政策应该纳入分配性政治的视角,但由于缺乏必要的信息,尤其是这一政策所涉及的利益相关双方的信息,从而导致相关分析的停滞和缺失。例如,在文献中,研究者一般都认为政治精英会通过财政转移支付的分配来实施分配性政治,但对此现象的大量研究主要仍局限在选举体制范围内。相反,在非选举体制下,此类研究虽然十分必要,但却由于缺乏关于交易双方的信

---

① 严格来说,这是个在学术研究中才存在的问题。因为在现实中,参与分配性政治的各方实际上非常了解自己的交易对象,只不过这些信息均为内部人信息。由于学者往往无法直接参与这一过程,因而在学术研究中,常常会心生困惑,甚至被误导。

② 一个典型例子,就是针对某项政策,无论是支持者还是反对者,均是从其实际效果或后果出发,根据自己对理想状态的设定来争论是否应该坚持、改变还是放弃,而很少考虑为什么这项政策能够存在,或者能够被改变的可能性有多大。

息,而难以深入下去①。

当然,为了解决这一问题,政治精英可以通过各种策略和手段来激励其他政治精英发出可置信的信号,从而完成对敌友的甄别。例如,Shih(2008)的研究认为,这种信号必须具备一定的条件,如信号发送者必须为此付出相当的成本(可以是物质和精神上的成本),才能使其成为发信号者对接受者的一个可置信的承诺②。他进一步指出,任政治精英可能会通过发起政治宣传运动,然后观察下级官员的反应来判断他们对自己的真实态度;Reuter 和 Robertson(2012)对俄罗斯地方选举的研究则指出,执政党的党魁会通过地方党政首脑在地方选举中的表现来观察和判断后者对执政党的忠诚;Svolik(2012)则认为,政治精英会通过一些制度性的设置,如委员会制度、议会制度,甚至一定形式的选举,来获得有关的信息。

另外,如果政策选择在很大程度上是基于分配性政治的运作结果,那么政策本身就是利益相关方通过选择特定的政策工具实现互惠的结果,反映了他们对彼此的需求。但关于在信息不充分的条件下,利益相关方对彼此的需求及其满足能力究竟受哪些因素的影响,目前并没有多少深入的分析。尤其是各方在现有的约束条件下所采取的策略性行为对最终的政策选择及其效果的影响,目前的文献缺乏针对性的研究。

本书作者认为,一个重要的影响因素是权力关系及其结构特征。虽然支配一定的资源是政治精英实施分配性政治的前提条件,但由于他们在权力结构中所处的位置和地位不同,其政策选择的目标对象和资源供给能力相应地也就会存在很大的变异。例如,采取科层等级制的主导政党体制,采取了从

---

① 一个例外是存在其他的变量具有易识别且不易变化的特征,从而可以用来识别政治精英的潜在支持者,如出生地、宗族或部落身份属性等。
② 对中国古代宫廷政治和权术比较熟悉的读者对这种体现"发信号"实质的权力游戏应该不会感到陌生。例如,秦代赵高的"指鹿为马"就是十分生动的例子,表明发信号者只有付出一定的代价(赵高在皇帝面前公然撒谎),才使得信号具有可信性。

上至下集中式的干部管理体系,意味着政治精英的权力资源在很大程度上是根据自己在这一等级体系中所处的层级位置决定的;而非正式制度,如政治精英所拥有的个人和社会网络关系,也会影响到其实际权力。最终,正式制度和非正式制度的共同作用决定了政治精英在这一权力结构中所处的地位和位置:越是上层的精英就掌握着越多的权力资源,而其他精英则围绕着更高层的精英所形成的政治网络和权力中心占据了不同的位置。有的距离权力中心很近,因此从体制内获得的权力资源也十分丰厚;有的则处于边缘化地位,从体制内获得的权力资源则相对稀少得多。与此同时,即使是采取自上而下管理且高度集中的权力架构,其上层政治精英内部的权力分布也可能会比较分散,从而彼此之间的权力资源分布较为均衡,精英间竞争程度较高;反之则竞争程度较低。这种权力结构特点很大程度上决定了在任政治精英支持者的主要来源及其可靠性,从而也就在很大程度上影响了其政策选择的动力和性质。

同时,给定权力关系和权力结构,各利益相关方的谈判能力也会影响到他们在这一互惠关系中的相对重要性,从而影响到最终的政策选择和利益分配结果。本书作者认为,谈判能力可以从两个方面来分析。一个是基于自身组织集体行动能力的主动谈判能力。例如,即使一部分社会力量的政治资源和重要性并不明显,但若其有能力组织和发起集体行动,其在政策形成的过程中所能施加的影响力就越强,相对于其他利益相关方的谈判能力就更强,对政策决策者的重要性也就相对更大,其利益诉求也越有可能得到政策上的响应(Hale, 2013; Xu and Yao, 2015)。即使对体制内处于权力结构中不同位置的精英而言,这一判断同样成立。例如,在任的政治精英和其选举人(或制胜联盟)之间,如果后者能有效地组织集体行动来共同应对前者,那么他们的发言权和影响力也会大大增加(Svolik, 2012; Boix and Svolik, 2013)。二是与主动谈判能力相对的被动谈判能力,即由于一方组织集体行动能力之外的因素所导致的谈判能力的提高。例如,一部分体制内政治精英之间的竞争和争执可能会导致他们寻求体制内其他政治精英甚至体制外力量的支持,从而提高后者的谈判能力(Kosack，2013；Zhang and Liu，2012；章奇、刘明兴，2016)。同样，上层精英之间的竞争导致他们对下层精英支持的需求上升，从而提高后者的谈判能力(Zhang and Hou，2017)。

需要指出的是，以上分析还没有更多地考虑政治企业家(political entrepreneurs)的作用。一般意义上的政治精英，会在给定的结构性环境下，根据现有的选举人和制胜联盟的结构性特点来选择政策，以确保自己的政治利益最大化。政治企业家却可能在现有条件下，打破约束条件对自己的束缚，主动通过策略性行为来改变或重塑自己的选举人和制胜联盟的规模和构成来确保自己的政治利益最大化。在这一过程中，由于选举人和制胜联盟的规模和构成也成为政治企业家策略性行为(包括其政策选择)的目标对象，因此政治企业家的政策选择不仅仅反映了新的选举人和制胜联盟的结构特征，同时更应该看成是政治企业家主动策略性行为的一个组成部分。换言之，在政治企业家策略性行为的冲击下，现有的权力平衡和权力结构会被打破，并形成新的选举人结构和组成新的制胜联盟。对政治精英而言，在这一过程中，其选举人基础、构成和制胜联盟成员都处于变动中，而包括经济政策在内的各种政策要么为这一变化服务，要么适应这一变化，作为其结果而反映这一变化，或者两者兼有。例如，Malesky(2009)指出，越南的领导人通过行政区划重新划分，使得领导层支持国有企业改革的力量超过了反对改革的力量，从而推动了国有企业改革。Liu，Shih and Zhang(2018)则指出，正是在政治企业家通过打破原有权力结构并形成新的权力结构的过程中，形成了不断财政分权和再集权的动力。

2.2 中国地方政府官员的行为：一个理论假说

目前，已有许多学者根据自己的观察和归纳，就如何解释地方政府官员在我国地方经济发展和增长中的角色与作用,从制度分析的角度提出了自己的假说。其中,比较有代表性和影响力的观点均指出有两个因素决定了地方官员的激励和约束:一个因素是高度集中的政治决策权和人事任免,这保证了上级对下级的控制,尤其是人事上的晋升和提拔的控制,使得下级对上级的偏好有极强的跟随激励,以努力实现上级的政策目标来实现自己职位的升迁(周黎安,2007)。另一个因素是分权,包括经济(尤其是财政)分权和行政分权,这对地方政府施加了预算硬约束,同时也为发挥地方政府的主观能动性提供了条件(Montinola et al.,1995;Qian and Weingast,1997)。这两个因素合在一起,构成了中国经济增长的制度基础(Xu,2011)。对这一类观点,学者们或称为"干部垂直管理下的地方分权"(regional decentralization authoritarianism,RDA)假说(Xu,2011),或冠名为"晋升锦标赛"。

无论是RDA假说还是晋升锦标赛假说(以下统称为"RDA"假说),其理论洞见是明显的,看到了中国政治体制对政治精英影响的一个关键渠道,即自上而下的集中式干部管理体制使得满足上级偏好成为下级政治精英政策选择的强大激励。但RDA假说的不足之处也很明显,无论是它的理论前提还是经验证据均有待商榷之处。例如,即使承认上级偏好对下级官员具有决定性影响,当上级目标是多元化的时候,尤其是当上级目标很难精确地用客观标准进行衡量的时候,官员会如何进行反应,RDA假说对此缺乏一个逻辑一致的分析(Xu,2011;王永钦等,2005;陶然等,2010;王贤斌、徐现祥,2010;皮建才,2012)。

一些政治经济学文献则进一步从政治生存的角度质疑RDA假说的理论前提,即上级是否提拔下级是以后者的绩效尤其是经济绩效为基本考虑。实际上,RDA假说的基本假设和逻辑可追溯到前文所介绍的"坐寇(stationary bandit)"理论(Olson,1993),即上级会优先考虑通过经济增长来最大化未来的收入流,并通过把奖励(即提拔)经济绩效突出的干部予以制度化的方式来促成这一目标。正如本章上一节所介绍的那样,这一假设的合理性是有待商榷的。如果把确保政治生存考虑进去,那么在任政治精英不会仅仅看重下级的能力(表现为高绩效),而是在下属的忠诚(loyalty)和能力(competence)之间进行权衡。例如,很多研究指出,无论政治体制特征如何,出于政治上的考虑,上级都可能因为种种原因而不愿意任命更有能力的下属(Egorov and Sonin,2013;Carpenter,2001;Hollyer and Wantchekon,2012)①。从现实的逻辑来看,从保证对下级的人事控制的角度来讲,上级也不会把客观的经济绩效作为最重要的考核下属的标准。不仅如此,在很多情况下,上级要么刻意发出模糊的政策信号以更好地观察下属的行为,要么无力向下级发出明确的信号。无论发生哪种情况,这时下级官员实际上均无法明确判断上级的偏好,更谈不上为满足上级偏好而竞争了②。

RDA 假说另一个根本的问题在于仅看到在自上而下的集中型体系中的下级官员为了晋升,必然具有满足上级偏好的激励且会全力以赴来实现上级目标,这实际上是过犹不及了。此类假说实际上没有考虑下级官员为了满足上级偏好和目标可能付出的政策成本,尤其是政策制定者会直接承担的成本和风险。例如,此类文献要么考虑财政收入、经济结构、地理或者文化结构性的因素,要么考察官员的个人特征(如年龄、教育、是否接近党代会或人代会选举等)对官员政策选择的约束,但这些因素严格来说并不会对官员自己带来直接的成本,很难进入其成本收益权衡之中。正因为缺乏一个完整合理的成本收益权衡的分析框架,RDA 假说基本上只能简单解释官员的个人临时性行为或短期政策波动,无法深入分析经济政策选择的机制和过程(包括经济增长的具体机制),也很难解释长期的结构性现象,更不用说以一个逻辑一致的方式去解释除了简单的经济增长之外的其他社会经济现象。例如,当涉及

---

① 类似地,一些公司治理文献则指出,很多公司的领导在任免高级经理人员的时候,其出发点不仅仅是候选人的能力高低,可能更重视对后者的任用是否会威胁到企业的长期发展(Prendergast and Topel,1996;Burkart,Panunzi,and Shleifer,2003),抑或十分注意这些人员的高能力是否会因为道德风险问题(如不是用于企业经营而是寻租)反而会对企业造成一定的伤害(Glazer,2002)。

② 这方面的例子,可参考章奇和刘明兴(2016)的相关研究。

长期性和系统性的官员行为差异以及地区发展差距(尤其是区域内的差距)、社会资本发育、政商关系、群体性事件、环境保护等问题时,此类假说缺乏足够的解释力①。

进一步地,包括地方官员在内的政治精英政策选择的成本收益权衡和他们是否需要照顾和满足下级的利益也是相关联的。前文指出,在任政治精英为了保证自己的政治生存会采取政策来满足选举人的偏好。这意味着,通过科层制组织起来的各级官员,可能不仅需要满足上级的偏好和目标,也需要考虑其他选举人的利益,包括其下级甚至是更基层的潜在支持者。因此其政策选择的动机也可能是为了满足其下级甚至更基层支持者的利益,以此获得政治支持。但对于这一点,RAD假说基本上忽视了。

许多人认为,在自上而下的干部管理体制下,下级甚至更基层的政治支持对上级而言无足轻重。但这种认识并不准确。首先,即使在集中型的科层制官僚结构中,各级官员要贯彻国家政策甚至是自己的意图,有赖于下级部门和官员的配合。在现行体制下,虽然来自上级的政策目标和意图具有强制性和优先性,在存在信息不对称的情况下,下级部门是否认真积极地配合上级完成工作,实际上在很大程度上并不完全由正式制度所控制(赵树凯,2005;周雪光,2008;欧阳静,2011)②。而且下级部门和官员也有自己的利益诉求,如果上级的政策并不能为其带来利益甚至会带来损害时,下级的积极性就会受到很大影响,并会通过各种方式拖延、扭曲甚至抵制上级的政策。尤其是随着经济改革的进行,包括分权的推行,很多部门彼此之间互相分工,

---

① 例如,Li and O'brien(1997)针对中央政策在中国农村实施的分析指出,即使面对同样的来自中央的政策,地方官员仍然会有选择性地去贯彻某些政策而不贯彻另一些政策。章奇和刘明兴(2016)则通过对浙江省民营经济的考察指出,即使在省内,民营经济发展的差距是巨大的,反映了地方官员对上级包括中央的政策反应存在极大的差异,且这种差异不仅仅是改革开放后的现象,在改革开放前就显著存在。

② 这些作者指出,下级政府和各部门完全可以共谋来应付上级的监督和检查,上级对此没有根本的解决办法。

权力的实际运行越来越取决于各部门之间的彼此协调和配合,而要获得下级官员的真正服从和配合,就不能仅仅通过行政命令和权力意志,而必须考虑在多大程度上照顾他们的利益。例如,Li and O'Biren(1997)就指出,即使是中央的政策,地方官员也会根据政策是否对自己有利来选择性地贯彻这些政策。Hillman(2014)针对中国地方干部的研究也注意到,地方干部已经很少通过纯粹的行政命令来指令下级和更基层的干部,而更多的是通过项目建设和财政资金的分配来获得后者对其政策的支持与配合。

除此之外,地方干部也可以通过私下乃至公开的方式对上级表示不满甚至提出控告。控告的理由可以是基于完全政治化的、路线斗争式的借口,例如,姓"资"姓"社"的问题、政治路线和立场问题。当然,这一种方式更多地出现在20世纪90年代之前。在不再强调阶级斗争的改革开放年代,下级也可以依据党纪国法向上级发起挑战。

在县市一级,下级和上级的利益分歧也很常见,而且可能更公开。这首先是因为随着行政层级的降低,官员可掌握的资源减少,对局面的可控制程度相应降低,且行政层级越低,事件的敏感性也就越低。同时,除了官场的非正式网络外,更多社会非正式制度因素也相对容易发挥作用,使得利益的组合和纠纷更复杂,且下级在矛盾激化时更容易形成合力来挑战上级。在当前的"流官制"管理制度下(即地方一把手必须由非本地人担任),这更容易体现为外来主官和本地干部之间的矛盾(李连江、刘明兴,2016)。例如,2014年湖南省P县就发生过本地公职人员直接参与抗议在本地修建火电厂,最终导致非本地的县委书记辞职。江苏Q市领导引进的造纸厂排污系统也引发环保抗议事件,体制内部分官员(以退休的前市委书记、前市人大主任等老干部为代表)公开表示反对①。类似的事件还有湖北监利县的体制内干部公开反对

---

① 可参见百度百科对事件的描述,https://baike.baidu.com/item/%E5%90%AF%E4%B8%9C%E4%BA%8B%E4%BB%B6/10423404?fr=aladdin。

书记招商引资政策①。

即使矛盾不是发生在本地主官和下级官员之间，一旦上级的政策没有充分考虑下级的利益，哪怕上级的行政级别再高，也可能引起下级的不满和反对。浙江省台州的黄岩市撤市并区事件就是个典型例子。1994年，在浙江省委省政府的支持下，台州地委决定将黄岩市撤市并区并通过了"撤市并区"的决议。根据该决议，黄岩市政府的行政和财政权力将大部分被上收到市一级，从而会极大损害黄岩的地方政治精英的利益。这首先导致了黄岩本地精英的抵制。当年4月，黄岩市人大会议期间，160名人大代表（占总数的70%）联名上书党中央、国务院和民政部，要求撤销台州地委将黄岩"撤市并区"的决议。大惊之下的台州地委动用行政手段，通过其在黄岩市人大的代理人强行通过该决议，但随后此决议却被该市众多人大代表以各种方式抵制，包括集体罢会，甚至最终罢免了市人大主任，造成骑虎难下的局面。也开启了随后长达八年的抵制活动，使得台州市政府难以将黄岩的各项财政行政权力上收。最终，台州市委作出了一定的妥协，即在黄岩撤市并区后，在财权和事权方面均向黄岩作出很大的让步（章奇、刘明兴，2006）②。类似的还有浙江长兴县的撤县并区事件。2013年5月，浙江省湖州市委宣布撤销长兴县，将其改制为湖州市的一个区。但以县某常委为领导的一批地方干部授意十几位乡镇干部辞职以示抗议，同时动员社会力量予以抗议，最终迫使省政府同意搁置撤县并区的决定（李连江、刘明兴，2016）。

以上案例表明，上级的政策若不考虑下级的利益，就很可能招致下级的反对，对上级的政治生涯也是一个打击。因此，即使是按照自上而下的科层制结构严格组织起来的官僚体系和干部管理系统，上级也不会轻易无视下级的利益，而有动力作出反映下级利益的政策选择，以得到下级的支持和配合，

---

① 这些案例以及更多案例的介绍，可参考李连江和刘明兴（2016）的相关研究。
② 1994年8月，台州地委成为台州市委。

第 2 章 经济发展、政策选择和政治激励

从而最终有利于自己的政治利益。

当然,尽管地方官员对下级利益甚至更基层支持者的照顾和支持不容忽视,但也不会是无条件的。虽然分配性政治的逻辑指出在任政治精英并不会主动选择那些会损害自己选举人利益的政策,但正如前文所介绍的案例所显示的那样,现实中常常存在很棘手的情况,当自己的上级甚至更高层所偏好的政策和下级利益不一致甚至互相冲突时,地方官员就面临着如何权衡的问题,即究竟是优先选择满足更高层的政策偏好,还是优先选择满足下级甚至更基层支持者的利益。除此之外,考虑到资源的稀缺性和政策本身可能会导致的各种经济甚至是社会成本(即政策的再分配性质)①,地方官员的政策选择愿意在多大程度上付出稀缺性的资源并承担这些成本来照顾和满足下级甚至是更基层支持者的利益②,这也是需要仔细分析的问题。但目前的研究实际上缺乏对此的深入分析。

本书作者认为,以下两个因素会显著影响地方官员的政策选择。

---

① 在一定的历史条件下,这甚至可能造成极大的经济和社会灾难。例如,Kung & Chen(2011)的研究表明,20 世纪 50 年代末的"大跃进"中,当时一些省份的领导人为了自己的政治前途,争相完成或超额完成粮食征购任务。这种通过政策选择来表明立场的"竞标赛"机制(周飞舟,2009),无疑对后来的大饥荒起到了推波助澜的作用。当然,在一定的历史条件下,执行自上而下的政策仍然可以和提高资源配置效率、保护基层经济利益相一致。例如,在刚刚改革开放的 20 世纪 80—90 年代,由于经济效率更高的私营部门发展和一部分坚持改革的政治精英的目标一致,因此也是经济增长的主要动力之一。但这种历史条件恰恰表明,地方政治精英实行提高资源配置效率的政策在政治上是有风险的。因此,在当时历史条件下按政策是否有利于产出增长来划分政治路线和阵营的方法是有一定依据的。但 1992 年后,这种判断和划分实际上不再有效。例如,把资金投入上级赏识但耗资巨大的面子工程固然会赢得巨大的政治利益,但可能会加大收入差距或加重环境污染而引发民怨。强行征地可以完成上级下派的指标,但却会加剧社会矛盾。除此之外,强制性的计划生育和税费征收(如 20 世纪 90 年代和 21 世纪初的农村税费负担过重问题)也都会产生类似的冲突。

② 也正因为两难选择具有这种互相冲突的性质,地方官员的政策选择才具有可置信(credible)的性质。即在这种情况下,地方官员向自己的上级或下级甚至更基层的支持者发出了可置信的信号,表明自己对后者是可以信赖的支持者或盟友。这也是前文所提到的政治精英向自己的盟友和支持者发送可置信信号的一个渠道。

一个因素是权力结构的特点,即地方官员在体制内权力结构中的地位。这决定了他们的实际权力资源和支持者的来源基础,即究竟他们更依赖于上级的支持和保护,还是更依赖于下级甚至更基层支持者的支持。这首先和他们在体制内的正式职务级别有关系。在现有干部人事制度和权力体系下,越是在正式权力等级中处于高位,就越接近权力核心,其政治生涯相对就越取决于上级的支持;反之,越是在正式的权力等级中处于低位,则越远离权力核心,其政治生涯就相对更依赖于来自下级甚至更基层的支持。

除了正式的职务级别之外,权力结构的另一个特征是地方官员和上级的非正式政治关系或政治网络的影响①。一般而言,在其他条件相同的情况下,来自上级的强力支持和庇护总要比来自下级和更基层的支持要更重要、更有吸引力。如果地方官员和上级的政治网络关系牢固而密切,他们获得自上而下的资源的可能性就更大,因而他们更有动力去争取获得上级官员的青睐,以更有效地保证自己的政治前途,对下级的利益关心程度则相应减小;如果地方官员和干部和上级的关系疏远甚至很差,那么他们就会面临着极大的政治不确定性,导致他们为获得上级庇护进行投资所能得到的预期政治利益相对于争取下级和更基层支持所得到的政治利益会大大下降。在后一种情况下,基层官员和干部更有动力把资源投到有利于争取其基层潜在支持者的活动中去,以换取其支持。

例如,在现有体制下,一个省级官员主要是和其上级和中央领导干部打交道,向下则主要是和体制内的官员同僚以及职级接近的下级打交道,和更低级的干部乃至基层群众的交集就比较小。与之相比,一个乡镇干部距离权力核心十分遥远,他的政治生涯向上则和县一级的上级、向下则和更基层的

---

① 近年来国内也有很多学者认识到政治网络对地方官员的激励作用,如陶然等(2010),皮建才(2012),王贤彬、徐现祥(2010)。但他们并没有考虑地方官员政治基础支持者的来源问题,从而也就没有讨论其政治生存问题。

干部联系在一起,也更容易和社会力量发生关系。但如果考虑非正式政治网络的话,情况就会更复杂。例如,无论是省级官员还是乡镇干部,都可能在非正式的权力网络中被嵌入更高层的政治网络,从而获得更强大的支持;也可能在这一网络中被进一步边缘化,从体制内获得充分支持的可能性很低,因而只能从下级甚至更基层寻求支持。在后一种情况下,和具体的历史条件相结合,地方官员的政策选择就可能表现为提供类似产权保护和更良好的商业环境一样的准公共物品,以最大限度地保护基层利益,从而扩大自己的基层政治基础①。

另一个因素是地方官员内部政治资源的分布,即权力资源是更集中地分布在部分地方政治精英手中,还是较均匀地分布在不同的地方政治精英手中。在其他条件相同时,如果权力资源在不同的政治精英之间分配较为均衡,他们彼此之间就可能面临着更强的竞争,导致其面临的不确定性也就更高,因而他们就会更加需要包括下级在内的其他政治精英的支持来巩固自己的权力基础和应对意外冲击。在这种情况下,地方政治精英作为一个整体,会更加乐于通过满足下级官员甚至更基层干部的利益来确保他们的配合与服从。一旦这种利益分配成为现实,现有的权力平衡也起到了类似内部制衡的作用,使得已经形成的利益分配格局不容易被打破。相反,若更多的权力集中于少数政治精英手中(甚至集中于一两个人手中),这意味着他们已经拥有稳固的权力基础,从而有充足的资源和能力来应对影响他们政治生存的意外冲击和风险,这就弱化了下级支持的价值。在这种情形下,其通过花费资源来向下级输送利益来获取后者支持的动力也就相应减弱。在极端情况下,

---

① 例如,承诺不通过权力来侵犯潜在支持者的财产,允许甚至保护他们从事现行政策所禁止的经济活动等。对这一现象的详细分析和介绍,可参考章奇和刘明兴(2016)对中华人民共和国成立后民营经济地区发展差距的分析。这种利益互相交换和担保机制所能够产生的产权保护功能,实际上是正式产权保护制度不完善情况下的一种不完全的替代品,其作用和范围是有限的,但对制度和法制环境并不完善的发展中国家而言,这一机制客观上对经济发展和增长起到不容忽视的作用。

当权力集中于某一个地方官员手中时,他向下级甚至更基层官员输送利益以获取支持的激励就会降至最小。换言之,若地方官员作为一个整体的领导集体而存在,那么他们之间的权力资源分散或集中的程度也是影响他们会在多大程度上寻求下级支持的一个重要因素。权力分布越分散,他们通过满足下级利益需要以获取其支持和配合的动机就越强烈。

以上讨论为我们从分配性政治的角度分析地方官员的政策选择提供了新的框架和思路。地方官员的政策选择首先取决于其行政层级和职务(从省到乡镇),这在很大程度上决定了其政治生涯的主要关联和博弈对象,以及可支配的资源和可选择的政策集合;其次取决于权力结构和地方官员内部整体的权力资源的分布情况。地方政治精英越是在权力结构中处于边缘化的位置,内部权力资源越分散,就越需要来自下级甚至更基层的支持,就更有动力照顾下级甚至更基层的利益。

据此,我们可以初步就地方官员的政策选择提出如下假说。

假说Ⅰ:如果地方官员在权力结构中越趋于被边缘化(越靠近权力中心),其政策选择倾向于优先考虑下级或更基层的利益的动力就更强(弱)。

假说Ⅱ:如果地方官员内部的权利资源分布越分散(集中),其政策选择倾向于优先考虑下级或更基层的利益的动机就越强(弱)。

在本书的第三章和第四章,我们将通过地方经济发展模式的演变,尤其是土地财政的特点,来分析以上假说的适用性和有效性。在分析土地财政的收益分配特点的基础上,第五章将从实证的角度表明,从省级领导层的角度来看,如果其和国家层面的政治嵌入程度更弱、内部权力分布集中程度越低,他们就越有动力满足所谓的地方利益,即会更加鼓励下级地方政府和官员通过土地财政的方式来满足其利益。

当然,以上分析主要是从政治精英的角度来看其政策选择,从受其影响的目标对象而言,是其被动谈判能力而不是主动谈判能力影响了政策选择。但如果下级或更基层的力量具有一定的集体行动能力,对于寻求他们政治支持的政治精英来说价值就越大,从而也就更能够影响后者的政策选择①。需要指出的是,在现实中,这种政策供求双方的结合在多数时候表现为在现有体制下对经济利益的合法诉求,因此双方互相结合以增强政治资源的策略也就具有相当的可行性。但同时,即使是这种主动谈判能力,在一定程度上也是和政治精英的权力结构和权利资源分布具有很大的关系。在本书第五章,我们将通过社会资本和政商关系的话题对此展开分析。

---

① 国际上有很多类似的经验观察案例。例如,O'Donnell and Schmitter(1986)根据对许多国家的观察指出,当这些国家的领导层在出现分歧时,往往是那些在争执中处于守势的精英会主动向体制外的力量寻求支持,以在体制内的政争中获得主动。Haber(2006)也有类似的看法。

第3章

地方经济模式和地方发展型政府的政策选择：土地财政的前身和演化

3.1 亚洲金融危机前的地方经济发展模式

在本书第一章,我们详细列举了中国经济发展模式的典型特征,即市场经济下的"新三位一体"的政府主导的国家干预模式。同时也指出,这种国家经济发展模式也在很大程度上通过地方经济发展的典型特征体现出来。由于基本的经济制度和资源配置体系受国家层面的经济制度和政策的约束,本章主要从两个角度来讨论地方经济发展模式:一个是微观经营主体的组成;另一个是以政府对要素配置和产业政策的运用为主要表现的地方发展政策。前一个角度在很大程度上说明了20世纪90年代后期(亚洲金融危机)之前的地方经济发展模式的主要差异;而后一个角度则在很大程度上说明了20世纪90年代以来地方经济发展模式的相似性,同时也体现了其程度上的差异性。

从20世纪70年代末开始正式启动改革到1992年宣布要建立社会主义市场经济,这段时期的改革既有自上而下的制度变革,也有自下而上的制度试错和大胆创新①。从地方经济发展结果和表现的角度来看,这一时期地方经济发展的主要特征在于地方工业化的成就和载体有很大的区别。首先,中国的地方经济发展反映了经济发展的一般规律,即随着经济增长,产业结构发生从以农业为主向以工业为主的转变;同时,也表现出很强的中国特色,即工业化主要表现为农村工业化以及工业化实现的主要微观经营载体(即企业的所有制形式)在各地存在很大差异。

---

① 对自上而下的制度变革以及自下而上的试错和制度创新,可参考章奇、刘明兴(2016)的一个总括性的综述。

例如，1978—1994年，国民生产总值以年均10%的速度高速增长，同期乡镇企业的平均增长速度则超过20%。到1994年年底，乡镇企业的工业产值占全国工业总产值的40%以上。早在1990年，约1/3的煤炭、约4/5的水泥、约1/2的电扇、约2/5的罐装食品与纸张，以及约4/5的完工建筑项目，都是由乡镇企业生产的。1986—1990年，乡镇企业的出口额以年均66%的速度增长（海闻、周其仁，1997）。伴随着乡镇企业的崛起，农业劳动力大规模向非农产业尤其是工业转移，加速了中国的工业化。这种乡镇工业化格局，和中国当时的宏观经济和社会管理体制（尤其是户口制度、财政分权制度等）以及乡镇企业的产权制度安排是紧密相关的（海闻，1997）。

不仅如此，乡镇企业等非国有部门的发展实际上在很大程度也代表了中国经济所有制结构的变化方向。由于包括乡镇企业和私营企业在内的非国有经济的发展，非国有部门在工业总产值中的比重由1978年的22%增加到1991年的47%，同期国有部门的份额则由78%下降到53%（海闻、周其仁，1997）。这不仅意味着非国有部门的生产效率要大大高于国有部门，且这种多元所有制并存的局面也意味着市场体系的进一步完善和市场竞争的深入，并为进一步的市场化改革奠定了物质基础。

由于非国有经济（私营企业、乡镇企业、合资和外资企业）主要是地方经济现象，因此早有学者根据各地经济发展的微观经营载体的差异而划分了多种地方经济模式，如温州模式（后来又有人称之为浙江模式）、苏南模式（又称为江苏模式）、珠三角模式、东北模式、晋江模式、义乌模式、佛山模式、顺德模式等。但从其影响范围和程度来看，最引人瞩目的主要是温州模式和苏南模式。事实上，时至今日，所谓的政府主导下的经济发展模式，其地方的表现形式基本上就是苏南模式；而与之相对的温州模式，则更接近自由市场模式①。

---

① 本章关于几种地方经济发展模式的介绍，主要参考借鉴了史晋川、郎金焕（2018）和新望（2004）的归纳和整理。

第3章 地方经济模式和地方发展型政府的政策选择：土地财政的前身和演化

3.1.1 温州模式

温州模式是以浙江省温州地区经济发展特征和路径为代表的经济发展模式①。其主要特征是私营部门十分强大，地方经济主要依靠私营企业为主体驱动投资和经济增长。在20世纪80年代的经济起飞阶段，温州的民营经济（包括个体企业、私营企业和股份合作企业）首先表现为专注于服饰、小电器、家庭日用品等小商品生产为主的农村家庭企业和家庭工厂，同时还包括大量"戴红帽子"的名义上的集体企业，以及由为这些企业的市场销售服务的小商小贩演变而来的购销员队伍②。除了"以工代贸"的温州模式外，浙江省民营经济的发展还有"以贸促工"的义乌模式。浙江省义乌市从简单的小商小贩活动起步，逐步形成区域性的商品批发贸易的集散市场。到1991年，义乌已经成为全国第一大小商品市场，辐射半径涵盖"三北市场（东北、西北、华北）"（史晋川、郎金焕，2018），并在此基础上催生出了自己以服饰、汽车等为代表的制造业。

3.1.2 苏南模式

苏南模式本义上的地理范围涵盖了江苏省的苏南地区（包括南京、苏州、无锡、常州和镇江），其经济发展模式是以在改革开放之前的社队工业基础上发展起来的本地工业为基础，最后形成以乡镇企业发展为主导的地方工业化，具有浓厚的集体经济色彩。因此，和以温州模式为主要动力的浙江经济

---

① 广义上，温州模式也称为"温台模式"，即包括和温州相毗邻的台州地区。
② "戴红帽子"是个体和私营企业采取挂靠集体企业或直接登记为集体企业的方式，把乡镇或村委会当作主管部门，从而为自己戴上一项"红帽子"。这种方式在20世纪90年代初之前非常普遍，是私营企业规避当时政治风险的一个有效办法。

发展格局不同,以苏南模式为主驱动的江苏经济的发展格局主要依靠的是国有和集体经济。例如,截至1990年,无锡私营部门的产出只占总产出的5%(Whiting,2001)。到20世纪90年代中期,江苏的私营经济只占总量的5%,远远低于同期浙江省私营经济的发展水平(史晋川、郎金焕,2018)。

温州模式和苏南模式的差异,在很大程度上反映了地方政府和地方政治精英在市场中的作用和政企关系的性质。在温州模式下,地方政府对市场干预不多,更不会直接对企业的经营进行干涉,并且对企业的很多制度性的创新予以承认甚至是鼓励,从而使得地方经济的活力和韧性十分强大(章奇、刘明兴,2016)。

苏南模式下的地方政府和官员则非常强势,对市场和企业的干预也相应明显很多。地方(乡镇)政府不仅出资兴办集体企业从而成为企业的唯一出资人,而且通过对各种生产要素的控制来实现政府发展经济的意图。例如,在苏南模式下形成的企业治理,地方干部(如乡镇党委书记)直接充当企业一把手,地方政府和党委直接考核甚至运营企业的现象十分普遍。苏南乡镇企业的各级干部均由政府任命,实现乡镇一级的企业治理。而在村办集体企业,采取社区党政负责人与工业公司负责人身份合一、合署办公的体制(张晓山,2011)。从而形成了学界所称的"地方公司主义"或"地方法团主义"(Oi,1992)。

除此之外,苏南模式下的地方政府还统一调配本地资源和生产要素(土地和劳动力),以达到扶持乡镇企业发展的目的。其中,财政补贴、税收优惠、银行贷款是这一时期地方政府支持企业的有力政策工具。例如,在20世纪80年代早期,包括乡镇企业在内的非国有企业的运营面临巨大的资金压力,但他们获得正规信贷十分困难。此时,若村集体出面以村社集体经济的名义来贷款仍然难以满足需求时,就由县、乡(镇)级地方政府以政府信用为担保来帮助重要的乡镇企业融资。后者之所以能这么做,主要原因就在于当时的地方政府对银行机构具有领导权(实际上是首先通过地方党委的领导),从而使得信贷的分配不得不考虑地方领导的偏好(温铁军,2010)。

由于地方政府和官员强势介入乡镇企业的运营,苏南模式也因此被广泛

第 3 章 地方经济模式和地方发展型政府的政策选择：土地财政的前身和演化

认为是一种干部经济模式、政府政绩经济模式等，导致乡镇企业的治理普遍有政企不分和产权不明晰的问题。这既表现为地方政府对乡镇企业的特惠政策造成后者的预算软约束，使得后者更倾向于通过向银行过度融资进行高杠杆负债经营，增加了不良贷款和浪费；同时也因为乡镇企业承载了太多的地方政府的行政命令（投资、就业、以工补农、离土不离乡进行就地工业化、干部培养等）而形成过度的政策性负担（温铁军，2010；新望，2005）。这只会进一步恶化企业经营中的委托-代理问题，使得企业在创新动力不足的同时，更依赖于政府的保护和支持（林毅夫等，2014）。同时，由于政企不分造成的政府对企业的过度索取和腐败问题也很明显。所有这些问题，随着经济的发展、市场竞争的加剧，导致乡镇企业的亏损开始不断变大，并最终导致大批乡镇企业从 20 世纪 90 年代开始进行大规模转制，即由集体企业转变成私营企业和股份公司。

同时，苏南模式下的地方政府自 20 世纪 90 年代初也开始转变思路，从扶持本地乡镇企业转向以开发区为载体进行大规模的招商引资。例如，苏南的工业重镇苏州从 20 世纪 90 年代初就开始对基础设施进行大规模投入，建设了 4 个国家级经济开发区和 9 个省级开发区。苏州下辖的制造业基地昆山市则在昆山经济技术开发区的基础上，进一步在 20 世纪 90 年代先后升级为省级开发区和国家级开发区。苏州最终成为跨国大企业云集的地方，而昆山则成为大陆台资企业的集中地。

为了推动招商引资，地方政府的秘诀就是向潜在的招商对象提供有力的政策优惠。主要做法是：地方一把手亲自抓招商引资，让招商引资成绩进入各级部门和官员的政绩考核[1]；各开发区管委会的领导均由地方政府主要领

---

[1] 研究者注意到，"在整个苏南，招商引资不是个别政府部门的职责，而是列入所有政府工作人员的工作内容，并与其个人的绩效考核、工资报酬、职务升迁等紧密挂钩，连居民社区的街道办主任每年都负有一定的招商引资任务，并纳入人事考核指标体系，与年薪挂钩"（温铁军，2010）。

导担任,园区开发主体不明确或政府化操作;地方政府同时在税收、用地方面向招商对象提供优惠,大幅度降低企业的要素投入成本和经营成本(温铁军,2014;新望,2005),从而形成政策洼地,对招商对象形成足够的吸引力。

在这种发展模式下,地方经济发展的分配效应也非常明显。许多学者分析了苏南模式下地方经济发展的分配效应。

首先,本地居民群众通过乡镇企业的发展壮大,获得了非农就业机会以及部分乡镇企业税后利润的分配所带来的收入增加。在当时的条件下,群众无疑获得了实实在在的好处。同时,和本地居民群众相比,地方政府和干部得到的好处更多。这一方面是他们作为集体企业的实际控制人,不仅能从税后利润中获取更大的一块收入作为地方财政收入,而且能够控制住绝大多数企业剩余利润留存企业的那部分收入,并通过自己对企业的实际控制权而获得各种直接和间接的好处,即灰色甚至是黑色收入①。田国强(1997)曾指出,地方政府和官员对乡镇企业收入有一定的支配权,即使乡镇企业的收入不能直接作为其个人收入,但也可以变相地为其所用、所有。这也是为什么地方政府和官员会这么热衷于开办集体企业的一个原因。

其次,随着招商引资的盛行,地方政府的政策特惠对象从本地乡镇企业逐渐向外来企业进行倾斜,并且更倚重大企业而不是中小企业,从而形成"重外(资)轻内(资)""重大(企业)轻小(企业)"的现象。一方面,由于地方政府花很大代价去招商引资,其目标对象自然会以那些能带来大量投资、税收和就业的大企业为优先。另一方面,从20世纪90年代初开始的土地有偿使用,使得村社集体无偿使用土地的渠道越来越狭窄,乡镇企业的用地成本提高,并且由于经济发展而导致土地价值不断上升,中小企业用地需求被排挤的可能性也越大。由于中小企业是社会就业和劳动收入的主力,因此

---

① 例如,根据相关规定,乡镇企业税后利润的60%留作企业扩大再生产资金,剩下的40%没有具体规定,但一般是上交乡镇政府以及给职工和管理人员的奖金。无论是前者还是后者,企业实际控制人都是最大的得利者。

这种偏向大企业的政策倾向虽然会通过产业上下游关联而对相关行业的中小企业带来好处,但这些好处很可能无法弥补对本地其他行业的中小企业的排挤效应。

以上因素导致在苏南模式下经济增长带来普遍的收入提高,但地方政府和官员得利最多。在强政府主导经济的模式下,尤其是招商引资兴起后,引进的外资和外地大企业,以及原乡镇企业转制中形成的本地私营企业和股份公司中的各种企业家"能人"(要么是原企业具政府背景的管理人员,要么是和政府有良好合作关系的强人型企业家①),也是这一模式的重要获益者。至于农村居民和城镇居民,他们主要通过乡镇企业和外来企业提供的工作机会获得非农就业收入,以及因为政府征地补偿和满足外来人口对居住产生的住房需求而获得房租收入等财产性收入,他们多是组织分散、缺乏集体谈判能力的个体,处于收入分配的末端。

很多观察者早就注意到了苏南模式下政府政策对内资和中小企业的选择性不利以及由此造成的收入分配后果。例如,新望(2005)就指出,苏南模式下的重外资、轻内资的政策不利于营造良好的个体私营经济环境以及民间生产力的释放。这一模式下居民收入相对较低,无论从职工工资还是人均收入来看,苏南模式和温州模式差距很大。其他学者也有类似的观察和判断。张欣和文贯中(1997)指出,1992年一个典型的温州农户大约有4 000元的收入,而在苏南地区,农户收入大约仅为2 000元,并且温州地区的实际人均收入水平比官方统计要高很多。例如,尽管1985年温州农村地区平均收入(447.2元)比全省农村平均收入(548.6元)要低18%,但温州家庭所拥有的耐用消费品却是全省平均的2—7倍。同时,苏南模式下的农民消费了更多的公共产品,如大量的马路、有社区服务的住宅小区、医院和其他公共设施。黄亚

---

① 例如,华西村是苏南模式下产生的江苏第一个亿元村,华西村股份于2000年在深交所上市挂牌交易。吴仁宝一直担任村支书,是华西村的第一掌门人,是典型的强人型企业家。

生(2008)指出,1980年浙江和江苏的农村人均纯收入基本相同,到1990年前者是后者的1.15倍,且前者的居民预期寿命也要高于后者。

可以看出,早期的苏南模式具备了强政府主导下的经济增长及其分配后果在地方上表现出来的一系列特征。需要指出的是,虽然早期的苏南模式已经具备20世纪90年代中后期以来地方发展型政府主导的经济发展模式的所有要素,但毕竟是发生于市场经济体制被采纳的前夜,其规模和影响均有限。随着20世纪90年代初的大规模制度变迁,包括在新的制度环境下所发生的地方政府彼此之间的互相学习和竞争,导致地方政府行为明显出现很大程度的趋同,即向苏南模式趋同,并且其分配性效应也被急剧放大了。这种苏南模式的进化和放大,集中通过20世纪90年代以来大行其道的以土地征用和开发为基础的产业发展模式(即土地财政)表现出来。

3.2 20世纪90年代以来地方发展型政府的政策组合:土地财政

从20世纪90年代初宣布要建设有中国特色的社会主义市场经济体制以来,中国的宏观经济体制和政策环境发生了很大的变化,从而导致地方政府也相应进行了政策调整以反映新的制度约束和机会。

从宏观经济制度环境上来看,大的变化主要体现为以下三点。

一是财政体制的变化。1994年开始实行分税制,通过设置中央直属的征税机构并划分税种来实现央、地税收收入分配,实现了财政收入的中央集中。地方政府(从省级到乡镇)的财力在相对缩小的同时,其支出责任却并没有相应缩减,反而因为各种原因(转制、社保、维稳等)导致财政支出具有刚性而不断加码,使得财政压力越来越大。虽然中央通过转移支付的方式对有明显压力的地方予以支持,但一来转移支付尤其是专项转移支付的获

第3章 地方经济模式和地方发展型政府的政策选择:土地财政的前身和演化

得需要不断进行谈判和各种博弈,且资金的使用也因为转移支付的性质而具有很高的交易成本①,因此在同等条件下,地方政府显然偏好自身财力收入的增长,从而具有很强的动力在分税制的框架下广辟地方财源。

二是从 20 世纪 90 年代中期开始,国内外经济形势的变化也使得很多地方原本以乡镇企业为主的发展模式遇到瓶颈。首先是随着经济的发展和收入的提高,人们对各种产品的需求在增长的同时,对产品异质性和质量的要求也越来越高,导致市场竞争越来越激烈,最终从原来的卖方市场变成了买方市场。1997 年亚洲金融危机的爆发对国际贸易造成很大的打击,导致国外市场需求萎缩并对国内产品的出口需求形成很大的冲击。在这种双重冲击的挤压下,原来依靠粗放式经营的乡镇企业受到了很大的打击,出现大面积的亏损,进而引发地方的财政危机甚至是债务危机,并直接导致以乡镇企业的粗放发展来推动经济增长的模式无以为继。不仅如此,从 20 世纪 90 年代后期,中央也开始对金融体制进行改革,尤其是对信贷体制的管理权限向上集中,在很大程度上阻断了地方政府通过直接干预银行信贷对地方企业进行融资支持的渠道,这就进一步促使地方政府改变原有的政企关系以适应新的市场环境和政策约束。

三是以 20 世纪 90 年代中后期的"抓大放小"为契机,地方政府也适时启动地方版本的"抓大放小",即通过破产、转让、出售等方式对原有地方中小型国有企业和集体企业进行转制,将它们转换成私营企业和股份公司(Li, Li, and Zhang, 2000)②。这样一来,地方政府就在很大程度上摆脱了原来直接控制和经营企业所连带的负担和责任(如企业亏损、就业等),但同时也不再

---

① Liu 等人(2009)以一个西部地区某县专项转移支付的使用过程为例,详细介绍和讨论了专项转移支付资金的实际运转情况,可以窥一叶而知秋。

② 转引自汪晖、陶然(2013):到 1996 年年底,有些省份 70% 的小型国有企业实现了私有化,还有一些省份超过半数改制(Cao et al., 1999)。1998—2002 年约有 2 500 万国有、集体企业职工失业。到 21 世纪初,绝大多数地方国有、乡镇企业已完成改制(Qian, 2000)。

是(国有或集体)企业的所有者,无法直接控制企业的现金流,也无法从企业的利润直接获得收入,更难以继续沿用以往将本地国有、乡镇企业收入转移到预算外收入的方式而获得收入(Wong and Bird,2005),而只能通过税收和其他方式获得税收收入和税收以外的好处。

在这种情况下,地方政府发展策略开始越来越倾向以通过对土地市场的调控来实现招商引资和以城市化为核心的土地财政。表现为各级地方政府通过大规模设立和兴建各种工业园区、产业园区和高新技术开发区,并提供包括基础设施、要素投入等在内的各种优惠政策来吸引投资者和厂商。其中,在土地国有制(农村土地集体所有)的基础上,地方政府通过对土地(一级)市场的垄断,结合土地储备制度,通过土地供应策略性地向工业用地倾斜并控制商业和住宅用地供应,实现低价出让工业用地、高价供应商住用地。据汪晖、陶然(2013)统计,仅 2001—2004 年,全国建设用地净增 12 363.52 平方千米,其中城镇用地净增 3 523.87 平方千米,包含各类开发区在内的工矿用地净增 5 509.67 平方千米,交通用地净增 2 313.49 平方千米。这三类用地净增量占全部建设用地净增量的 91.78%。策略性的土地供应格局,有效压低了工业用地的价格,大大拉升了商住用地价格。Zhang, Fan, and Mo (2017)的统计也表明,2003—2008 年全部土地销售中,工业用地占了 55%,但同时,其价格和商住用地相比却被压得很低(图 3.1)。在这一时期大多年份,工业用地的出让价格都不到 100 万元/公顷,而同期商住用地的平均价格则动辄超过 1 000 万元/公顷,两者相差近 10 倍。因此,在土地销售收入中,工业用地收入仅占全部土地销售收入的 25%。

地方政府压低工业用地价格以降低企业投资尤其是制造业投资的成本,反映了其招商引资的力度,同时也是各地招商引资竞争白热化的一个自然结果。刘守英(2007)针对浙江的调研指出,为了招商引资,各地政府花费巨额资金进行土地平整和基础设施建设,将未开发的"生地"变成开发后的"熟地",以提供给招来的企业。同时,为了提高招商引资的吸引力,政府还通过

第3章 地方经济模式和地方发展型政府的政策选择：土地财政的前身和演化

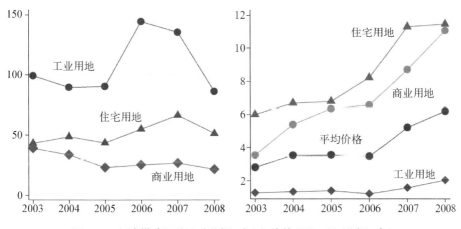

图 3.1 土地供应面积(千公顷,左)和价格(百万元/公顷,右)

资料来源：《中国土地资源统计年鉴(2004)》,转引自 Zhang, Fan, and Mo(2017)。

协议出让工业用地的方式，大大压低工业用地出让价格。例如，绍兴县的工业用地协议出让均价从 2000 年的 233 元/平方米下降到 2003 年的 188 元/平方米，大大低于土地的开发成本。其他地方(如金华、义乌)的情况也是大同小异。在义乌，为了招商引资，政府甚至不得不于 2000 年制定最高限价，规定每亩工业用地不得高于 18 万元。其原因就在于担心如果工业用地价格上升，会导致企业无法承受而转到其他地方去。这一政策直到 2003 年后才有所改变(刘守英,2018)。

实际上，地方政府通过低价供应工业用地来招商引资的策略在浙江以外的其他地方程度更甚，包括工业用地不考虑价格因素而保持名义价格不变，有时甚至是在很长的时间内以零地价出让给投资者。例如，无论是珠三角地区还是长三角地区，以低地价甚至零地价来招商引资并不少见。在以招商引资著称的苏锡常地区，对招商引资的优惠力度非常大。苏州在 21 世纪初每亩征地和建设成本高达 20 万元/亩,但工业用地平均出让价格只有每亩 15 万元人民币。周围地区为了和苏州竞争外来投资,工业用地的平均出让价格甚至低至每亩 5 万—10 万元。除了压低工业用地价格,土地财政策略还通过控制商住用地的供应来推高其价格。一般的做法是,地方政府成立土地储备中心,对包括商业、住宅、综合等经营性用地实行统一收购储备,并将其储备的土地通过垄断土地一级市场用于住宅、商业等经营性目的,从而掌控商住用地的供应,并以"招、拍、挂"而非协议出让的方式出让土地,最终使得商住用地的价格远远高于工业用地的价格(汪晖、陶然,2013;刘守英,2018),并为地方政府提供了大量土地出让金收入。例如,在一些比较发达城市,2006 年的预算外收入总额已经接近于预算内收入,而预算外收入的70%左右来自土地出让收入。2000—2009 年,全国土地出让收入从 595 亿元上升到 17 180 亿元,上涨约 28 倍(田传浩,2018)。

土地财政也有利于地方政府推动城市化。这是因为地方政府仅凭预算内资金的规模无法支撑起自 20 世纪 90 年代后期开始大规模启动的城市扩张以及相应的城市基础设施建设。在获得大量土地出让金后,地方政府可以把资金用于抵消城市化所带来的资金压力。不过,即使土地出让金收入规模巨大,也不足以完全弥补城市化所带来的资金缺口。因此,土地抵押金融也应运而生。刘守英(2018)针对浙江绍兴的调研发现,该市 2003 年城市基础设施投资共 60 亿元,其中预算内资金占 2.65%,土地出让金占 32%,而融资则达 63.87%。金华市 2000 年以来城市建设投资 233.27 亿元,预算内财政支付、土地出让和银行贷款分别占 12.86%、14.26% 和 72.88%。

土地抵押金融获得融资的渠道,主要是地方政府成立政府性投资公司(如城投公司),以土地为抵押来获得银行贷款或借债,用于开发区、政府性公司、土地储备中心、房地产公司筹资以及工业企业的启动,其作用十分明显。例如,金华市 2003—2004 年园区开发贷款、土地储备中心依靠储备土地进行的抵押贷款余额合计 57.18 亿元,比当年地方财政收入还高出 32.5%。义乌市也有类似的发现(刘守英,2018)。

在 2007—2008 年全球金融危机爆发之后,为了抵御出口需求断崖式下跌,中央政府鼓励地方成立融资平台,用财政贴息、货币供应增加为刺激内

第3章 地方经济模式和地方发展型政府的政策选择：土地财政的前身和演化

容，以基础设施投资作为抓手，以投资促经济增长，导致在2009—2011年，地方政府掀起设立融资平台的高潮，平台数量从2008年年底的2 000多家，增加到2009年年底的10 000多家，多数以土地抵押、信用担保等方式，向银行借款来进行基础设施建设，以此拉动短期的经济增长（范剑勇，2018）。截至2015年，我国84个重点城市土地抵押面积和贷款总额分别达到49.08万公顷和11.33万亿元，分别比2014年增长8.82%和19.14%，2009—2015年的平均复合增长率分别达到14.57%和27.92%。东南沿海城市每年基础设施建设投资高达数百亿元，其中的60%依靠土地抵押融资，财政支出和土地出让金仅分别占10%和30%（蒋省三等，2007）。由此可见，土地融资成为地方经济增长的主要推动力（周越，2018）。

目前，对土地财政（包括土地融资）的讨论，首先是从经济增长的角度来进行的，聚焦于土地财政对经济增长和财政收入增加、城市化、产业升级和地方负债等的影响。例如，王媛与杨广亮（2016）提出，地方政府在土地市场化出让过程中，广泛存在着"为经济增长而干预"的行为——这是因为引入优势产业或品牌企业将产生溢出效应，从而带动地区产业发展并提升城市价值。张昕（2008）对北京市1998—2004年数据的实证分析表明土地出让金对城市经济增长存在显著的促进作用，并且这一作用的正效应会随着城市的发展而逐渐减弱。刘志彪（2010）肯定了土地财政在城镇化过程中的作用，认为土地财政推动了城镇化从而实现了产业升级，使城市及周边经济得到全面提升。Zhang，Fan and Mo（2017）发现政府对土地市场的干预降低了城市人口的增长率但有利于提高工资水平。

很多学者也关注到土地财政所带来的一些隐患和副作用。地方政府通过土地财政发展模式来招商引资和城市化，首先扭曲了生产要素尤其是土地的价格，无法反映包括土地、水等资源在内的稀缺性。尤其是压低工业用地价格来招商引资的做法，对土地等稀缺资源造成了极大的浪费，同时也不利于保护环境，影响可持续发展。这一效果，在全国各地招商引资竞争白热化的背景下，被迅速放大成为"逐底竞争"或"竞次式竞争",即竞相压低稀缺资源要素价格来招商引资,造成进一步的资源配置扭曲和资源浪费(潘家华、魏后凯,2011)。

另外,实际上除了低地价(包括零地价)以外,地方政府还同时提供其他各种政策优惠来招商引资,如按优惠价格延长土地使用年限、按投资额比例返还部分出让金和税收减免,甚至免费提供劳动力等。这就导致制造业投资过度,很容易形成过于庞大的制造业生产能力甚至是产能过剩(汪晖、陶然,2013)。这进一步导致两个结果:一是由于投入要素价格被人为压低,使得中国制造产品的价格被人为压低,但也同时使得中国制造产品的价格优势凸显;二是巨大的产能使得产品出口的压力增大,即需要国外市场来消化国内的巨大生产能力。这两者的结合,再加上其他经济政策的推动(如对人民币汇率的管理),对进一步刺激中国经济的出口导向以及中国制造产品在世界市场上的竞争力和占有率都有极大的推动作用,但也同时加剧了中国和其他国家的贸易摩擦。

不仅如此,以土地财政为核心的地方发展模式还通过两个渠道影响到了宏观经济和民生。

一个是催生了以房地产为代表的资产泡沫。这个首先是因为地方政府压低工业用地出让价格,但失之东隅,收之桑榆,地方政府可以借助对土地市场的垄断,通过拉高商住用地招拍挂价格来获得更多的收益。这种策略,无疑直接导致城市房地产价格尤其是居民住宅价格具有不断上涨的动力,甚至出现国家宏观调控房地产的措施无效且可能越调越高的局面。同时,在房地产价格不断攀升的情况下,宽松的货币政策和大量出口所带来的外汇占款积累所导致的货币供应量的猛涨,推动货币洪水冲向以房地产为代表的资产市场,从而进一步推高了资产价格泡沫[①]。尤其是2008年4万亿元经济刺激计

---

① 汪晖、陶然(2013)指出,从2004年开始,房地产价格上升速度开始加快。特别是2006年后,随着经济流动性的增加,房地产价格越来越高。从2006年年底开始,各地不断刷新"地王"记录,出现了地价、房价追涨的局面。

第3章 地方经济模式和地方发展型政府的政策选择：土地财政的前身和演化

划的出台,在财政、货币政策的双向推动下,房价出现大幅度上升,直到2011年后国家不得不采取严厉的宏观调控措施才暂时控制住房价上升趋势。但资产泡沫已经形成,即使在2015的股灾导致股市泡沫迸裂后,房地产市场的高价现象仍然岿然不动。

另一个就是推高了地方债务并不断累积。地方政府需要大笔资金为招商引资进行园区开发和城市化提供良好的基础设施,仅靠土地出让金收入并不足以满足巨大的资金需求,必须通过借款来获得资金,并且借贷资金往往占据资金总量的大头。房地产贷款也成为商业银行和其他金融中介的主要贷款内容。刘守英(2018)的调研指出,在金华、绍兴、义乌等地,各类园区的贷款余额多数为园区储备土地抵押贷款,而以经营性土地使用权进行抵押贷款也是房地产开发的重要资金来源。其中,绍兴县1999—2004年四大商业银行房地产开发贷款余额就从1 470万元增长到57 760万元,增长38.3倍,年均增长108.4%。义乌也存在类似情况,1998—2004年商业银行房地产开发和自营性房地产贷款余额也达到了年均增长34.79%的水平。消费类住房贷款余额增长也类似。

即使在中西部这样缺乏制造业比较优势的地区,虽然不具备像沿海制造业基地那样大搞各类工业园区和产业技术开发区这样的条件,但依靠土地金融来支撑城市化的做法也随着时间的推移(尤其是在21世纪初)开始大行其道。在这样的背景下,中西部的地方政府也可以通过成立地方政府融资平台的方式,用财政贴息、货币供应增加为刺激内容、以基础设施投资作为抓手,大搞基建投资。例如,贵州省的余庆县2016年年底的财政收入仅为4亿元,但它在"十三五"规划期间拟进行基础设施建设的预算额是300亿元,建设资金只能靠外部融资获得。

刘守英(2018)针对陕西省的调研发现,由于城市投资资金(包括城市扩张、改造和园区建设等)规模巨大,财政的直接支持作用有限,更多的是通过贷款来获得资金。例如,咸阳市在2000—2003年城市基础设施投资规模

173 320万元,贷款提供了 73 098 万元(占 42.2%),是最大的资金来源。贷款的获得途径,主要是有三种:① 地方政府利用城市土地储备中心的储备土地进行抵押获得贷款。例如,该省各地的土地储备抵押贷款占贷款比例一般在 50% 以上,最低的安康市比例为 40%,最高的延安市比例甚至为 100%。② 园区的土地储备抵押贷款。一般是以工业用地抵押贷款作为开发区储备土地抵押贷款的主要形式。例如,西安市 1997—2003 年土地储备抵押贷款由最初的 26 740 万元上升到 91 011 万元,年均增长速度达 84.12%。③ 通过设立市政建设开发公司或园区开发公司,并以储备土地收益权(即以储备土地经公共投资开发后取得的经营性收益)为其担保的方式,支持市政基础设施建设项目的贷款融资。实际上,类似的融资方式在全国其他地方也普遍存在。例如,重庆的"八大投"模式①就是通过地方政府设立各种融资平台来进行举债,对城市化改造和基础设施建设进行大规模的投入。

由于这些债务借贷主要来自银行贷款,因而地方政府的招商引资和城市化的操作,同时也就表现为地方(政府)负债和银行贷款规模的扩张。据 2013 年审计署公告,截至 2013 年 6 月底,全国地方融资平台债务余额为 6.97万亿元,占全国地方政府性债务规模的 38.96%,其中债券类余额达到 1.85 万亿元。银行贷款也从 2008 年的 2.2 万亿元上升到 2014 年的 7.7 万亿元,同期城投债的规模也相应从 2008 年的 98.2 亿元增长到 2014 年的 1 874.9亿元。

这些债务的效益和偿还和经济增长对投资需求尤其是土地和房地产市场的需求的支撑是分不开的。这就从两方面影响潜在的金融风险。第一,所

---

① 2002 年以前,重庆市的基础设施建设主要由一家投融资平台统筹各类项目建设,存在经营效率不佳、资金规模较小等问题。从 2002 年起,重庆市按一体化职能统筹规划,逐步组建了建设(后为能投)、城投、地产、高发司、开投、高投(后为交旅)、水投、水务等"八大投"。此外,重庆还设立了事业型金控公司渝富,承担为各平台公司融资扫清障碍和提供支持。重庆市的基础设施建设投资基本上由这些城投公司和其背后的渝富资产经营管理公司进行"一条龙"式的共同运作完成。

有这些贷款和债务,无论其账面会计收益的高低,实际上并不影响地方政府的举债投资冲动。这是由于地方政府的债务缺乏实际负责人,政府也不会面临破产的威胁,因而地方政府的预算软约束问题是一直存在的,导致只要能贷到款,就一定会有贷款需求的冲动。尽管理论上地方政府可以通过资产债务管理对债务规模进行管控,但在软预算约束条件下,债务无限扩张是常态而不是例外。尤其是较为宽松的宏观经济政策环境和软预算约束的结合,更是会大大推动债务水平和杠杆率。图3.2和图3.3表明,地方债务的大幅度上升和宏观环境的变动,尤其是2008年的4万亿元刺激计划的实行有很强的关联。第二,这些债务的风险在很大程度上与土地和房地产市场的需求直接相联系,包括工业化和城市化对土地的需求、房地产企业和居民购房需求等。在土地财政(包括土地金融)的操作中,地方政府以高价格出让商住用地,获得经营性用地的开发商或城市融资平台再通过土地抵押(包括其收益权)融资进一步获得资本,居民也通过加大杠杆追高买涨甚至投资性购房,都通过银行贷款获得资金并持续这个循环。由于中国经济在加入WTO之后持续近20年的高速增长,强化了经济会一直增长的预期,从而鼓励包括地方政府在内的各方都不断地加杠杆,从而打造了一个地方政府、制造业企业、房地产商和银行在内的地方增长联盟(汪晖、陶然,2013;田传浩,2018)。在经济高速增长的情况下,无论是居民房地产贷款还是地方政府的土地抵押(包括其收益权)贷款,由于贷款主体的还贷能力并没有受到负面影响,资金链并没有断裂的风险,因而这些贷款的安全性也就相对有保障。但一旦宏观经济和政策环境发生变化,如经济放缓甚至下滑,或者中央政府开始紧缩宏观经济政策或土地政策等,就会对借款主体的还贷能力造成打击,使得整个环节的资金链出现断裂,对银行系统的安全性造成威胁。如果银行不得不因此而收缩资产规模,会进一步打击市场主体的贷款能力和投资需求,从而形成通货紧缩的恶性循环,最终对银行系统甚至整个金融体系的安全造成威胁。

不过,虽然土地财政(包括土地融资)已经成为地方经济发展模式的标志

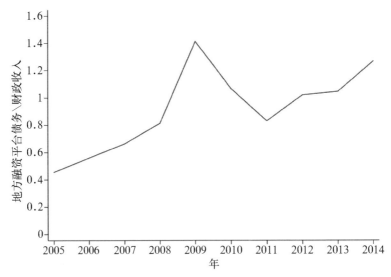

图 3.2　2005—2014 年地方融资平台债务/地方财政收入

资料来源：根据 WIND 数据进行收集和计算。

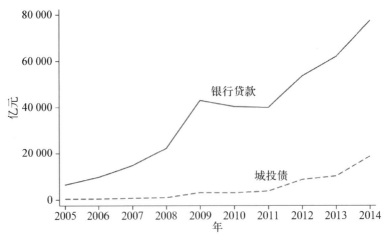

图 3.3　2005—2014 年银行贷款和城投债的规模

资料来源：根据 WIND 数据进行收集和计算。

性策略和主要内容，并对地方经济乃至宏观经济和金融稳定都造成了很大的影响，但需要注意的是，虽然各地地方政府都在普遍利用土地财政的策略，但同时在多大程度上依赖土地财政乃至其效果，各地仍然有很大差异。并且，这种差异并不能简单地归结为地理和禀赋条件，而是各地方政治、经济和社

第3章 地方经济模式和地方发展型政府的政策选择：土地财政的前身和演化

会条件共同发挥作用下政治精英的政策选择结果。作者将从分配性政治的角度，对各省实施土地财政的差异进行分析，但在此之前，我们有必要从土地财政的分配效应出发，对这一发展策略下的利益分配进行解剖，这构成下一章的主要内容。

第4章

土地财政下的分配效应

上一章已经指出,自20世纪90年代以来地方政府主要通过土地财政(包括土地金融)的策略来招商引资,推动工业化和城市化。要理解这背后的驱动力,一个必要的环节是厘清土地财政策略下的分配效应,即土地财政下的收益和成本的分配是如何体现的,并且分清谁是受益者、谁是受损者。因此,需要分析的就是土地财政的利益相关者,这包括土地财政运作下的直接参与者和间接受土地财政的影响的各方。无疑,这里面最直接、最大的利益相关者就是地方政府和地方官员(Rithmire,2017)。

4.1 土地财政的利益及其主要收获者

地方政府和官员是土地财政(包括土地金融)的直接推动者和最主要的参与者。很多研究者都已经指出,通过低价出让工业用地来招商引资,同时高价招拍挂商住用地的策略,让地方政府获得了惊人的利益,包括大量的财政收入。

首先,在目前的土地管理法规框架下,地方政府通过土地的国有制和征地权,垄断了土地供应的一级市场,从而使得其低价出让工业用地、高价出售商住用地的策略具备了可行性。

低价出让工业用地(甚至零地价)使得地方政府所获得的直接收益很少,再加上地方政府往往还提供其他包括税收返还等为招商引资所提供的优惠政策,因此实际上地方政府为招商引资会预支相当大的成本。不仅如此,即使地方政府成功招商引资,但由于招商引资对象主要是制造业企业,而制造业企业缴纳的增值税中大部分(70%)归中央政府,因此地方政府从招商引资初期所获得的直接财政收入并不十分丰厚,考虑到土地、水、电等稀缺资源的市场价值,招商引资甚至是个赔本的买卖。但实际上,制造业一旦形成生产能力且经济增长持续的话,增值税收入会在较长时间内形成稳定的收入来源且会不断上升,因此会给地方政府带来长期可预期的、持续的收入流(汪晖、陶然,2013)。

其次,由于地方政府垄断了土地一级市场,因而可以策略性地通过操控商住用地的供应来拉高商住用地市场价格,从而获得极高的土地出让金收入。2003—2015年,国有土地出让面积达到318万公顷,实现土地出让收入25.11万亿元,2015年的国有土地出让收入是2003年的10倍,是2000年(596亿元)的53.7倍(路乾,2018)。地方政府的土地财政依赖程度也总体大幅上升。从全国层面看,土地财政占预算内财政总收入的比重,从2000年的22.35%增长到2009年的75.6%(田传浩,2018)①。

最后,即使是回报丰厚的商住用地土地出让金收入,也只是一次性的。但土地财政策略从两个方面推动了商住用地在土地财政中的作用:一是当招商引资成功引来制造业企业入驻后,后者运营会带来很大的溢出效应,即吸引其上下游企业形成供应链,并吸引大批服务业企业,如银行、餐饮企业等。换言之,制造业企业会对服务业部门形成拉动并带来相关的营业税收入(是地方税种的大头),后者并不是一次性的收入,而是长期性的收入。除此之外,地方政府也可以直接从土地和房屋的交易中获取各种税收,如房产税、契税、土地增值税、城镇土地使用税、耕地占用税等。二是制造业所带动的服务业的发展还会进一步提高商住用地的市场需求,从而推高商住用地的市场价

---

① 2003年该比例一度达到70%左右。另外,汪晖、陶然(2013)指出,这一比例实际上低估了土地财政对地方财政的贡献。原因是该比例中使用的预算收入包括省级和省级以下政府收入,但省一级政府通常不出让土地,若把省级政府的收入排除,实际上省级以下地方政府土地财政依赖度要更高。

格,这会进一步提高地方政府未来出让商住用地所获得的土地出让金收入。

以上是从土地财政最本义的角度来看地方政府所从中所获得的财政收益。不过,虽然财政收入是地方政府非常看重的收益,但土地财政给地方政治精英所带来的好处远不止财政收入这样的公共性收入。无疑,地方政府都偏好更高的财政收入,这是因为财政收入是看得见的业绩,反映了地方政府和官员的能力,也是维持官僚体系运转和行政官僚福利的经济基础和前提。因此,无论古今中外,政治精英对财政收入的强调都是一致的。许多学者也从财政收入最大化的角度来分析地方政府和官员的行为(Oi, 1999; Whiting, 2001; Lyu and Landry, 2014)。但由于财政收入的公共属性,除了公务开支以及和行政级别挂钩相关联的干部福利外,地方官员并不能从财政收入增长中获得多少的直接收益①。实际上,由于土地财政通过行政权力干预市场会因为价格扭曲而产生大量的租金,而在目前的权力运行机制下,这种由干预市场和扭曲价格所带来的租金,几乎必然会产生严重的腐败,即部分地方官员和商人(尤其是房地产开发商)进行政商勾结,从土地财政的各个环节进行寻租(Chen and Kung, 2014)。

首先,地方政府低价供应工业用地,导致工业用地价格远远低于市场价格,这就鼓励商人和地方官员勾结低价拿地,而后者也有动力从中分得一部分租金。同时,由于在很长一段时间里,工业用地都是以协议出让方式而不是按照市场化和透明度更高的招拍挂方式进行供地,这种供地方式完全取决于地方政府、官员与企业之间的谈判,具有很大的随意性和不透明性,因此出现腐败的可能性很高。其次,高的商住用地价格,同样也使得商人有激励通

---

① 目前,有些地方会把本地财政收入增长的一部分拿来作为奖励直接对相关人员进行发放。例如,浙江省的省管县的财政体制,就是把每年财政收入增长的10%左右拿出来奖励有关政府部门的领导班子。但这种做法是否普遍存在并不清楚;同时,这种奖励平均下来分摊到每个人的数额并不算高,且在经济发达地区,这种奖励的力度究竟有多大仍然是未知数。有关分析可参考 Qian and Zhang(2018)的相关研究。

过和地方官员勾结从而能够低价拿地,而后者同样从中分得一部分租金(Pei, 2016)。根据《检察日报》2000—2009 年所报道的腐败案件,近四分之一(23%)和土地一级市场交易有关(Chen and Kung, 2018),而媒体公开报道的很多案件,如乌坎案、刘汉案、周滨案等大案要案,都和土地的灰色、黑色交易存在关联。这些公开曝光的案件,显然只是冰山一角。一些学术研究也指出在土地交易中存在明显的政商勾结和腐败(World Bank, 2005; Cai, Henderson and Zhang, 2013; Wallace, 2015; Chen and Kung, 2018)①。

除了财政收入和个人灰色甚至黑色收入外,土地财政还通过其他渠道为地方政府和官员带来各种其他的好处。例如,通过招商引资招来企业,进一步拉动投资,推动经济增长并解决就业,成为地方政府和官员的一大政绩。地方政府和官员也可以利用土地财政的运作和从中取得的各项成绩来支持上级的工作,或利用其中的经济利益来照顾各方利益,包括构建关系网络和向利益相关方输送各种利益。这在市场竞争比较有限、经济相对不发达的地方会表现得更明显。例如,欧阳静(2011)针对桔镇招商引资的研究就指出,该地虽然招商引资力度很大、政策优惠很多,但好的招商项目实际上均会交给"可靠"的"外商",而这些所谓的外商实际上都是某些领导的利益相关者,而其他投资者即使想进入也没有机会。她进一步援引该镇何书记的话指出,招商引资是一些拥有非法收入者"洗钱"的一个重要工具,即部分具有巨额非法收入的官员或商人把资金转入可靠的外商企业,纳税后便成为合法收入。

4.2 土地财政下的成本及其主要承担者

土地财政并非免费的午餐,它的巨大成效,如经济增长及其结果(工业

---

① 例如,Chen and Kung(2018)利用国土资源部土地交易中企业购地数据的相关信息,发现政商勾结会使特惠企业在购地中得到 55%—60%的价格折扣(和其他企业相比较)。

化、城镇化、就业、出口等)虽然有目共睹,但其对市场扭曲所带来的经济扭曲和效率损失也同样十分明显(汪晖、陶然,2013;Su and Tao,2017;刘守英,2018)。尤其是土地财政的分配效应所带来的利益分配和成本分摊的巨大差异,进一步凸显了土地财政的经济和社会成本。

例如,地方政府通过招商引资吸引企业投资,为招来的企业提供了大量政策优惠,包括廉价的土地、水、电,甚至劳动力,极大地降低了企业的投入要素和经营成本,人为拉高了企业的市场竞争力。这种做法常被看作是中国地方政府的经济和产业政策具有"亲商"性质的典型表现,和东亚发展型政府的经验遥相呼应。但这种政策实际上优惠的是少数大企业和高新技术企业,大多数的中小企业没有也不可能获得同等优惠,从而扭曲了企业之间的竞争环境。

不仅如此,土地财政在政策初期为了招商引资给出的大量优惠政策实际上需要付出极高的直接成本,包括前文所提到的地方政府为招商引资所提供的廉价生产要素以及对各类园区的基础设施建设(如"三通一平")所进行的前期投入、各种税收减免和返还等,均构成极大的财政成本和财政压力。但与此同时,地方政府一方面通过提高商住用地价格获得巨额土地出让收入和营业税收入来获得更高的经济收益;另一方面还可以进行成本转移,即通过各种市场甚至非市场的手段,把土地财政的社会和经济成本向其他社会经济主体转移。换言之,土地财政的收益和成本具有很强的外部性。

例如,虽然地方政府需要为土地财政负担不小的财政支出甚至是融资成本,但它在为引进的大企业提供特惠待遇的同时,可以把成本向本地中小企业进行转嫁,如通过加强对本地中小企业的税收稽核力度,即把提供给大企业的政策优惠所付出的成本向本地中小企业进行转移,从而加大后者的税收负担[①]。不仅如此,由于后者的税负和政策环境随着招商引资而恶化,就使得

---

① 笔者和合作者目前正在对这一判断及其背后的机制进行研究。类似的初步研究表明,大企业和中小企业税负存在系统性的差异(Chen,2018),但这背后的机制仍需要进一步厘清。

它们从正规渠道获得融资更加困难，即被正规融资渠道挤出，从而使得它们不得不更加依赖非正规融资。这不仅提高了它们的负债水平和杠杆率，而且由于非正规融资利率更高而进一步加重其债务负担。2008年后，由于地方政府土地融资的大举借债，导致挤出效应对中小企业的负面作用更加明显。除此之外，由于商住用地价格被不断推高，中小企业的运营费用尤其是土地租金支出成本也会随之上升，成为它们的一大负担。

不过，土地财政（包括土地融资）成本最大的承担者，还是农村和城镇居民，他们因为土地财政中的政府征地和拆迁而面临财产遭受损失的潜在风险。土地财政策略的关键内容就是以土地为依托招商引资、以地生财。但万变不离其宗，这一策略的前提条件是地方政府获得的投入品（土地）的成本不能过高，即地方政府从农村和城镇居民那里进行征地的成本必须足够低，才能够完成下一步的低价供应工业用地、高价出让商住用地的步骤。无疑，在这一过程中，少数农村和城镇居民因为政府征地和拆迁获得了高额补偿，从而幸运地成为获益者。但对大多数人来说，他们失去土地和房屋的市场价值（尤其是未来的预期价值）可能会大大高于地方政府给予他们的补偿，从而成为土地财政策略的直接受损者。

以农村土地征用为例。根据我国的土地管理法规，国家出于公共利益的需求，按照法律规定将集体所有土地转为国有土地，要依法给予被征地对象（包括村集体和被征地农民）合理补偿和妥善安置。据此，中国制定了相应的征地补偿原则。和美、日等国采取"市价补偿"或"最有效使用用途原则"（从而补偿价格一般会高于市场价格）不同，我国采取的是"原用途补偿"（即按农用地而不是商住用地）原则。按照1978年宪法和1982年国务院《国家建设征用土地条例》的有关规定，征用土地补偿费的原则是"保障被征地者的收入和生活水平不下降"，并规定征地补偿包括农村土地补偿费、农业人口安置补助费、土地附着物补偿费、青苗补偿费等，各项补偿的具体标准主要由地方政府规定。其中，土地补偿费为被征耕地年产值的3—6倍，安置补偿费为被征耕地年产值的 2—3 倍,最高不得超过 10 倍,土地补偿费与安置补助费之和最高不得超过被征收土地年产值的 20 倍。1998 年对 1986 年《土地管理法》作出全面修订,对征地制度作出较大调整,除了因经济水平的提高相应提高补偿标准以外,土地补偿费与安置补助费之和最高由不得超过被征土地年产值的 20 倍提高到 30 倍,将原有征地五级审批制改为中央省级两级审批。

有研究者指出,不论现行法律把补偿上限提高到多少倍,都存在不合理之处(田传浩,2018)。农地不仅具有农业生产的价值,还可以获取农业和非农业经营收入,具有农村社会保障。不仅如此,土地作为一项资产,当它被转化为非农用地尤其是房地产用地时,具有可观的投资价值。尤其是随着经济发展水平的提高和城市化的推进,其资产价值具有很大的升值空间。但土地增值收益的分配,在很大程度上对农民不利。正如前文所介绍的,地方政府具有很强的动机来压低征地补偿,从而增加土地财政的收益。由于我国土地出让收入施行"收支两条线"管理,地方政府的土地出让收入在扣除了依法支出的征地拆迁费用后才是政府可自由支配财力。根据《2015 年全国土地出让收支情况》,2015 年全国土地出让收支中,用于征拆迁补偿和补助失地农民的支出达到 17 935.82 亿元,占土地出让总额的 53.18%,而 2015 年的土地出让收入仅 33 657.73 亿元,可见土地征收补偿费已经构成地方政府推行城市化相当巨大的一部分成本。在这种情况下,地方政府无疑有动机减少征地补偿成本以提高土地财政的收益。

更重要的是,在整个征地补偿过程中,无论是从信息不对称还是从谈判能力来看,地方政府相对于农民和村集体而言都处于某种优势地位。首先,土地的所有权性质使得地方政府天然具有极强的干预和处置权。根据 1982 年的宪法,不仅现有城市土地属于国有,而且所有将成为城市的土地也全部属于国家。这就使得地方政府征收农村集体所有土地有了法律依据。同时,根据现有法规,政府也有权力为了公共利益而实行征地,但究竟什么才是公共利益,基本上由地方政府进行定义,村集体很少有发言权,更不用说单个的农民了。不仅如此,由于农村土地属于村集体所有,而农民只拥有土地使用权而不是所有权,因此地方政府原则上不需要同单个的农民谈判,只需要同村集体谈判并获得村委会干部的同意即可。在实际中,村集体在面对强势的地方政府和分散的农民之间进行权衡的时候,大概率是偏向前者而不是后者。

在这种大背景下,现实中的农村征地所涉及的利益分配,就可能以农民利益的相对损失为最终结果。刘祥琪等(2012)发现,政府卖地平均价格达到每亩77.8万元,而补偿金额则仅为平均每亩1.9万元。美国农村发展研究所与密歇根州立大学以及中国人民大学的一项抽样调查显示,约50%的农民对征地行为不满意,其中71%的农民认为其获得的征地补偿太低,41%是由于政府未就补偿金额征求农民意见,30%是由于补偿不足以维持农民长期生活。失地农民中,一次性现金补偿为当前最普遍的征地补偿方式,64.7%的农民得到了一次性的现金补偿,12.8%的农民得到了分期支付补偿,9.8%得到了补偿承诺但并未到位,12.7%的农民甚至没有得到任何补偿。因此,目前社会对征地制度的主要批评在于征地补偿标准过低,且农民在征地后难以解决基本生计问题,导致生活水平出现大幅下降(高珊、徐元明,2004;毛峰,2004)。

笔者利用西南财经大学对2011年、2013年和2015年三年全国性的中国家庭金融调查数据,对全国范围内征地补偿的基本状况进行了评估。该调查从2011年开始,首次调查就涉及25个省、80个县、8 438家农户;2013年调查扩大到29个省、262个县、28 000家农户;2015年则覆盖29个省、363个县和超过40 000家农户。该调查不仅询问了大量农户及其所在社区的相关社会经济信息,而且专门询问了农户的征地及其实际获得的征地补偿信息(图4.1)。在样本中,共有110个县发生过征地(占样本县的15.6%),征地户共计648户(占样本总数的0.1%)。

从图4.1可以看出,2011年样本农户的实际补偿水平户均0.91万元/亩,2013年和2015年有所上升,分别为1.09万元/亩和1.51万元/亩,显然这个补偿金额是大大低于土地的市场价值的。实际上,这个补偿水平不仅和市场

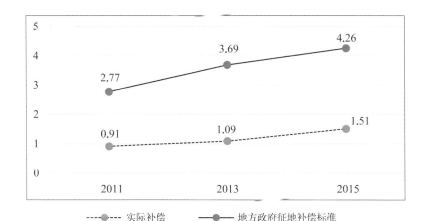

图 4.1　2011—2015 年农户征地补偿和地方政府征地补偿标准（万元/亩）
资料来源：笔者计算。

价值相去甚远，而且还低于地方政府自己规定的补偿标准（最低补偿水平）。

为了进一步考察这一点，笔者和合作者①首先参考了《2014 年中华人民共和国征地补偿标准与法规全书（含各地政策）》，该书收录中央机关（全国人大及其常委会、国务院、国土资源部等）发布的关于征地相关法规政策文件和以下 18 省、直辖市的具体征地补偿标准：北京、天津、上海、重庆、四川、云南、浙江、福建、安徽、江西、湖北、湖南、广东、山东、山西、陕西、甘肃、辽宁。同时从各级人民政府网站、各级国土资源网站上查找各地方历年来的征地补偿标准的相关文件，公文包含政发、国土资发、国土资利用发、府发、府办、政函、办函、政办发、规土资地、国土告知。后者是在国家有关法规和政策的基础上，根据本地区的实际情况，拟定本地区的最低补偿标准。此类征地补偿标准文件一般有两种形式：一是根据不同的行政区域范围划定不同的统一年产值标准和补偿倍数；二是划定不同区片的综合地价。我们根据样本村的村名去样本数据中寻找相应的具体征地补偿标准并和样本村

---

①　主要是浙江大学的叶春晖教授、程铭达、卓妮和香港中文大学的杜巨澜教授。

进行匹配。在样本中,大多数的地区补偿标准为县统一标准,少量样本村会在乡镇水平上存在差异。

图 4.1 也显示了样本期内地方(以县为单位)补偿标准的平均水平,从 2011 年的 2.77 万元/亩,上升到 2013 年和 2015 年的 3.69 万元/亩和 4.26 万元/亩。对比图 4.1 中的相关信息可以看到,在所有样本期年份内,农民实际补偿的平均水平都要低于地方政府的最低补偿标准平均水平。为了大致了解全国不同的地方的征地补偿情况,我们进一步计算了两个相关指标:一个是农民实际获得的单位面积征地补偿(PC = 农民实际获得的征地补偿款/被征地面积);另一个是根据地方政府规定的征地补偿最低标准(CS,单位面积征地最低补偿额)计算的征地补偿程度(PC/CS)。农民征地补偿程度若大于 1,代表农民获得的征地补偿款大于政府规定的补偿标准;若数值小于 1,代表农民获得的征地补偿款未达到政府标准。显然,数值越低,代表征地过程中农户利益损失得越多。表 4.1 和表 4.2 分别列出了东部、中部、西部三个地区在地市级水平上加总获得的农户实际单位面积补偿水平和征地补偿程度的对比情况。

表 4.1　不同地区征地补偿款(元/亩)的描述性统计

	样本数	平均数	标准差	最小值	最大值
东部	343	16 436.83	22 539.84	0	120 000
中部	191	13 000.54	16 004.29	0	100 000
西部	114	13 330.49	21 818.07	0	126 000

资料来源:根据西南财经大学中国家庭金融调查数据计算。

表 4.2　同地区征地补偿程度的描述性统计

	样本数	平均数	标准差	最小值	最大值
东部	343	0.416	0.564	0	2.703
中部	191	0.477	0.537	0	2.841
西部	114	0.397	0.55	0	2.359

资料来源:根据西南财经大学中国家庭金融调查数据计算。

从表4.1可以看出,东部地区的征地补偿款平均值高于中部和西部地区,达到1.6万元/亩,而中部和西部地区仅为1.3万元/亩。表4.2也表明,东部和中部地区的平均赔偿程度是比较高的,分别为0.42和0.48。同时,所有地区的平均补偿程度都低于1,意味着所有地区的平均水平都没有达到地方政府自己规定的征地最低补偿标准。

一个可能的原因是地方政府的征地补偿款在村集体与村民之间进行分配,导致村民并没有得到足额的征地补偿款。例如,根据笔者手中现有的资料,浙江省的汇总情况表明在征地补偿款的分配中,农民和集体的分配比例平均为80∶20(按中位数水平则是84∶16)。根据各方调研情况,浙江省在全国对农民的补偿力度是最大的,其农民和集体之间的分配也可以看成是一个最有利于农民利益的分配基准①。在其他地方,集体的分配比例会相应大些。江苏昆山则是征地补偿款的70%给农民,30%给集体。湖北武汉的征地实施单位一般不直接面对农民个人,而只面对乡、村两级,再经过村委会,最后才到农户,资金拨付一般也是先到乡政府,只在个别地区才直接到村(张安录等,2010)。除此之外,还有两个因素在分析农民和村集体之间的分配时需要考虑:一是在目前的分配体制下,即使理论上集体分配所得可以通过村集体提供公共物品的方式惠顾农民②,但这种理论上的好处在实际中能多大程度落实到具体的村民个人,是不确定的。因此,征地补偿款中划给集体的那一部分对农民来说,更接近于强制储蓄,其好处显然比不上给自己直接发现金。二是村集体(村委会)虽然是由全体村民通过一人一票的方式直接选举产生,理论上能够代表农民意愿并行使相应的经济和管理权力,且代表全体村民享有农村土地所有权,但在目前的体制下,村集体更像是地方政府的派出机构而不是农民的利益代言人。尤其是在征地问题上,村集体一般会配合政府完

---

① 当然,在浙江省内部,农民和集体之间的分配也有不小的差异。
② 村集体提供公共物品一般体现在:兴办村福利事业(包括基础设施)、为农民支付一定的社会保险费用和合作医疗费用、发展村集体经济(提供工作机会和分红)等。

成征地任务,且在征地价格包干前提下,倾向于变相压低农民的安置补助费来谋求自身的利益(张安录等,2010)。这样一来,村集体和农民之间利益并不完全一致,在征地补偿款的分配上也有不同的诉求。根据张安录等(2010)在湖北的调查,60%以上的农户认为村集体没有权力分配征地补偿款,钱留给村集体就相当于被挥霍掉了。即使支持村集体提留一部分征地补偿款的农户,也认为村集体提留比例不能太高,在30%以下为宜。

以上分析初步表明,由于各种原因,农民在征地补偿中的地位和谈判能力是最低的,而地方政府则不仅有动机而且也有能力和渠道使得土地财政运作下的利益分配向自己倾斜。为了进一步考察这一点,笔者和合作者进一步分析了2008年后土地财政尤其是土地融资对征地补偿所造成的影响。如果地方政府在征地过程中充分尊重失地农民的利益,那么由于城市化所导致的对土地市场需求的提高会推动土地价格的提高,在这种情况下,希望尽快解决征地问题的政府会倾向给予农民更多补偿。但如果地方政府利用自己的行政力量,无视征地补偿标准,通过压低农民的征地补偿来提高城市化的收益,并转嫁城市化的成本,那么就会看到地方政府推进城镇化的意愿越强,就越需要更多的土地进行抵押融资,但同时为了降低土地征收方面的成本而压低农民的征地补偿。

我们在西南财经大学家庭金融调查数据的基础上,以如下的回归来检验以上的判断:

$$\text{土地补偿程度}(COM_{ijt}) = \alpha_0 + \alpha_1 \cdot Debt_{jt} + \beta \cdot Controls_t + \delta_t + \gamma_j + \varepsilon_{it} \quad (4.1)$$

其中,i 为被征地的农户,t 为 t 年,j 为 j 市。COM 是前文已经定义的土地补偿程度(PC/CS),$Debt$ 是 j 市所有地方融资平台新增银行借款和城投债的加总,用来反映地方政府(j 市)土地融资的规模大小①。首先,我们选取

---

① 数据来自 WIND 资讯提供的 2005—2014 年的地方政府债务融资平台数据。

在上交所、深交所以及银行间债券市场发行的全部城投债,依照发债主体的级别,去除归属于中央国有企业的融资平台,将县级市发行主体归属于地级市。由于地方融资平台不披露每年的银行借款总额,这里使用现金流量表中"取得借款收到的现金"科目作为融资平台的银行借款的替代变量,并在地级市层面进行融资平台发行城投债和银行借款金额的加总。当年未发行城投债,即未在Wind资讯中收录该地方融资平台的,记当年地方融资平台债务为0。

除此之外,方程(4.1)还包括一系列的控制变量(controls),包括反映农户特征的变量,如家庭人口规模、受教育情况等;反映农户所在村的变量,如是否存在宗族大姓、村委会选举登记投票率、村与所在地级市的距离等;反映 j 市的社会经济变量,如 j 市的GDP(取对数)、常住人口、财力充裕度等。本章附录4.1给出了这些变量的具体含义,以及这些变量对土地补偿程度的预期影响。

表4.3 回归结果

	(1)	(2)	(3)
$Debt$	-0.000 11*** (0.000 4)	-0.000 1** (0.000 005)	-0.000 1** (0.000 04)
controls	有	有	有
观测数	558	558	558

注:括号内的数字是标准差。*,* *,* * *分别表示在10%、5%和1%的水平上显著。

表4.3给出了对方程(4.1)的混合面板(pooling)最小二乘线性回归结果。在列(1)中,地方融资平台债务($Debt$)的系数显著为负,说明地方政府通过土地融资会显著降低对农民征地补偿程度。这初步表明,地方政府利用土地融资,通过地方融资平台推动基础设施建设的过程中,为了自身利益最大化,会倾向于把土地财政的成本向农民转嫁而减少农民权益。根据回归结果,地方融资平台举债金额每增加100亿元,当地失地农民收到的征地补偿就相对补

偿标准减少 1.07 个百分点。

列(1)的结果是比较稳健的。在列(2)中,我们考虑了无城投债发行的问题。有些城市当年无城投债发行的话,其地方融资平台债务记为 0。此时即使该城市仍然存在一定规模的银行借款,也会因为未发行城投债所以该融资平台并未出现在数据库中。另外,发行城投债对于城市以及平台的资质有一定要求,需满足政府区域全口径债务率不超过 100%,且要求地方融资平台资产负债率超过 60% 必须提供担保、超过 85% 以上不予发行城投债。这些城市可能是受指标限制未达到发债资质,亦可能是出于地方政府自身的选择不选择发债。在 648 个曾经发生过征地的农户样本中,有 89 个样本对应的城市在当年地方融资平台未发生举债,因此对这些地方融资平台债务为 0 的样本予以剔除。结果显示,剔除这些样本后地方融资平台债务的系数仍然显著为负,没有实质性变化。但是剔除这些样本之后,会出现样本自选择问题,即未发过债的城市的征地样本在总体中观测不到,因此列(2)采用 Heckman 两阶段模型来排除样本选择偏差的问题。第一阶段用上期发债金额来决定本期是否发债,然后进行第二阶段的回归。结果显示,地方融资平台债务的系数仍然显著为负,且系数值没有较大变化①。

列(3)则使用了工具变量(IV)方法进行回归。IV 回归可以处理两类问题:一个是双向因果关系(如征地成本越低,则地方政府土地融资回报越高,从而更能融资);另一个是遗漏变量问题(如农户家庭可支配收入、村集体腐败程度以及该村集体经济发展状况等)。我们选取了两个工具变量:① 市贷款规模,这个用来反映地方的金融发展水平和对地方经济的融资支持力度;② 地方银行贷存比(即贷款规模/存款规模)。直到 2015 年之前,根据《商业银行法》的规定,为了控制银行信贷规模,存贷比不能超过 75%。此外

---

① Heckman 回归中,逆米尔斯比率不显著,说明原回归方程样本自选择偏误问题不大。

银监会对商业银行存贷比、准备金等指标也会进行定期考核,因此存贷比一直是央行对银行流动性的监管限制手段。2015 年全国人大常委会废除该规定,将存贷比作为流动性的监测指标。存贷比越高,代表商业银行流动性风险越高。当存贷比接近 75% 的红线,商业银行会缩紧贷款,通过增加存款规模降低存贷比。商业银行流动性的松紧会影响银行给地方融资平台提供信贷的难易程度,因此存贷比应当同地方融资平台债务呈现负相关,但与农户获得的征地补偿程度无直接关联。列(3)的结果表明,在使用了 IV 之后,$Debt$ 的系数仍然是显著为负的,因此这一结果继续支持我们关于土地融资力度会显著降低征地补偿的判断。同时,IV 估计的第一阶段的 F 值超过 10,说明不存在弱工具变量问题。识别检验的 Hansen-Sargan J 值不显著,说明工具变量是有效的。

除此之外,我们还进行了其他稳健性检验。例如,直到 2014 年,地方融资平台主要还是倚靠土地抵押贷而非城投债款进行融资。和前者相比,后者多为信用债,根据评级公司给予的信用评级以及第三方担保而非土地抵押进行债权融资,其规模占地方融资平台债务总规模的不到 20%。因此,我们将核心解释变量($Debt$)拆分为地方融资平台银行借款金额和地方融资平台城投债金额进行回归。结果不出所料,银行借款的系数在 1% 的水平下显著为负,而城投债的系数不显著,说明土地融资主要是通过银行信贷的渠道在发挥作用①。

上面所得到的结果,也可能反映了地方融资平台举债规模和城市本身的经济发展水平是相关联的。一种可能性是,地方政府制定的补偿标准过高,导致实际补偿很难达到这一水平。这种情况在经济相对发达地区更可能出现,即表现为实际补偿达到补偿标准的程度更低,但农民的实际补偿所得并不算低。为验证这种情况,我们以征地补偿标准为被解释变量,地方融资平

---

① 由于篇幅限制,这里没有汇报详细结果,有兴趣的读者可向本书作者索要。

台债务规模为解释变量进行回归。结果显示地方融资平台债务的系数在1%水平下显著为负,表明举债规模较高的城市其获得的征地补偿反而较低。我们进一步将农民获得的每亩补偿金额与地方融资平台债务进行回归,以考察地方债务是否会降低农民获得的绝对金额。地方融资平台债务的系数在1%的水平显著为负。除此之外,我们还将征地补偿款减征地补偿标准的补偿款差额对地方融资平台债务回归,结果仍然保持显著,表明地方融资平台举债越多,地方政府倾向于进一步压低实际补偿款。这些结果进一步表明,通过土地金融融资进行城市化或工业化的地区,由于地方政府既是规则的制定者,又是比赛的参与者,因此可以利用其行政权力降低土地财政的成本,包括压低其征地补偿标准,或降低农民征地补偿,或同时压低两者。在这一过程中,农民利益无疑遭受了很大的损失。

可以看出,正因为在目前的土地国有制基础上,地方政府拥有土地管理权和征地权,以及背后支撑这些权力的强制力,才能够进一步地把土地财政的空间发挥到最大。可以说,在过去三十年,地方政府通过土地财政的运作,推动招商引资并带动工业化、城市化以及经济增长,使很多社会集团和个人都不同程度地从中获利,但地方政府及其官员作为这一发展战略的直接推动者,无疑是从中获利巨大的。其他社会阶层和群体,也从这一发展战略中获得了大小不一的利益。首先就是从招商引资中直接获利的大企业,包括国内外大型制造业企业,如富士康等,以及围绕着这些大企业运转的金融、房地产和上下游供应商和服务商,他们和地方政府构成了一个以"政(府)—产(业)—(金)融"为核心的增长联盟。除此之外,在经济增长的大背景下,在拆迁过程中获得了高额拆迁补偿的部分城乡居民,尤其是那些在较早期就开始进行房产投资的居民,其个人财富也从不断上涨的房价中获得了很大的利益,其幅度远远超过那些获取工资性收入的普通居民和家庭。而后者(即获取工资性收入的普通居民和家庭),包括那些从乡村到城镇寻求工作机会的打工者,以及众多的本地中小企业,承担了土地财政所产生的社会经济成本。

例如,城乡居民的土地被征收或房屋被拆迁,却只获得较低的补偿款;普通城镇居民和本地中小企业没有足够丰富的融资渠道,只能被动接受资产价格尤其是房地产价格不断攀升;受各种因素尤其是户口制度限制无法迁移而只能忍受地方政府因偏爱经济增长而牺牲的生态环境(如受污染的水、土地和空气);因政府亲商政策而导致工人正常权益甚至劳动报酬被人为压低等。由于不能对等分享经济增长的成果,尤其是自身的合法权益没有得到充分保障,导致部分社会群体对目前的增长方式和政策取向存在一定程度的不满。

仍以征地和拆迁为例,我国非农建设占用耕地导致每年约 250 万—300 万农民失去土地,2006 年全国失地农民超过 400 万(汪晖、陶然,2013),按照这个数据估计,至 2030 年,我国失地农民数量可能达到 1 亿人(张云华,2010)。中国社科院公布的《2011 年中国社会形势分析与预测蓝皮书》中显示,73%的农民上访事件与土地问题相关,其中 40%涉及征地纠纷问题[①],而征地问题中的 87%涉及征地补偿和安置的问题(汝信等,2010)。

需要指出的是,在土地财政的收益和成本分配中,"政产融"利益共同体、地方中小企业和城乡居民是主要的利益相关者,但他们并不是唯一的参与者,更不是能够决定土地财政实施方式和程度的唯一因素。笔者将在下一章从分配性政治的角度进一步分析这一点。

附录 4.1 方程(4.1)回归变量定义和来源

变 量 名	变 量 含 义	来源
征地补偿金额	农民获得的征地补偿款金额	CHFS
征地补偿程度	农民获得的征地补偿款金额/(政府规定的每亩补偿标准×征地面积)	CHFS
地方融资平台债务	地方融资平台新增银行借款+新增城投债	Wind

---

① 根据汪晖、陶然(2013:63)的揭示,2005 年全国发生的近 8 万起群体性事件中,农民维权占 30%,其中因征地补偿不公而发生的群体性事件占农民维权的 70%。

(续表)

变量名	变量含义	来源
非货币补偿	农民是否获得非货币补偿,1为是,0为否	CHFS
教育水平	户主文化水平,1为文盲,9为博士,依次递增	CHFS
家庭人数	家庭成员个数	CHFS
党员	户主是否为党员,1为是,0为否	CHFS
选民登记率	该村登记选民数/总人口	CHFS
选举投票率	该村选举时投票人数/登记选民数	CHFS
宗族大姓	该村是否有宗族大姓,1为是,0为否	CHFS
与政府的距离	该村与该村落所在地级市政府距离的自然对数	CHFS
GDP	各城市GDP的自然对数	中国城市年鉴
常住人口	各城市常住人口的自然对数	中国城市年鉴
财政能力	各城市地方公共财政收入/地方公共财政支出	中国城市年鉴
城镇化率	各城市城镇常住人口/总常住人口	中国城市年鉴
商品房价格	各城市商品房销售额/商品房销售面积	Wind资讯
贷款规模	各城市贷款规模	国家统计局
存贷比	各城市贷款规模/存款规模	国家统计局

第5章

省内治理视角下的土地财政省际差异

5.1 省级政府在土地财政中的作用

本书上一章分析了土地财政作为20世纪90年代以来中国地方政府最主要的经济政策工具集合及其效应,反映了(省以下)地方政府以及各类利益相关者之间的互动和博弈。同时也指出,土地财政所涉及的利益主体,不仅仅包括地方政府主导下的政产融利益共同体、地方中小企业,以及城乡居民这些直接参与者和被动受影响者,中央政府和省级政府在其中的角色和作用也不容忽视。

中央政府是土地国有制下土地所有权的体现者和执行者,是最高的征地决策主体,在对全国的社会经济进行宏观统筹考虑和规划的框架下,通过一系列土地利用法律法规对全国的土地利用包括征地和用地行为进行规范和管理。例如,中央政府通过从1982年出台的《国家建设征用土地条例》到2005年出台的《制定征地统一年产值标准和区片综合地价工作的通知》等一系列法律法规和政策条例,对征地程序、征地补偿标准、耕地保护等各方面进行了不断的规范和调整,直接影响了地方土地财政的实施。尤其是中央政府2006年推出的18亿亩耕地保护底线以及相关政策,更是对各省耕地保护和土地征收造成巨大的影响。除此之外,中央政府的宏观调控政策也会直接或间接影响到土地财政。例如,宽松或紧缩的信贷政策环境或相关的宏观经济调控政策(如针对地方各个工业园区或产业园区的整顿清理等),会直接影响到土地财政尤其是土地融资的进行。中央政府从地方土地财政中所获得的收益和成本对比也是多方面的。Rithmire(2017)指出,通过相关宏观调控和制度安排(包括户口、土地制度等),中央政府从整体上把握了经济发展尤其是城市化的节奏,从中获得大量的税收,同时在一定程度上避免和减缓了城市化的扩张可能会带来的一系列社会经济问题,如就业、社会稳定等。对土地的宏观控制和分配,也是中央政府调动地方政府、贯彻自己意志的一个有力的政策工具。

不过,本章更强调的是另一个在很大程度上被现有研究所忽视的主体——省级政府。在中国的行政体系中,省级政府是承上(中央政府)启下(省以下地方政府)的关键一环。不仅中央政府的政令和政策要通过省级政府中转下达、监督贯彻,省以下地方政府行政上的和实际工作的负责对象主要就是省级政府,后者对前者的影响通过对人事、财政、信贷、土地等各个渠道的影响甚至控制而表现出来。

从土地财政的角度来看,省级政府和省以下地方政府的联系首先表现为两点:第一,在目前的分税制下,地方税收在按照规定上缴归属中央的收入以后,剩余部分要在上级政府(包括省政府)和本级政府之间再度进行划分。尤其是实行省管县的省份,地方收入会直接在省政府和本级(县和县级市)政府之间进行分享。因此,凡有助于(省以下)地方政府增加财政收入的政策,原则上来说也会有利于增加省级政府的收入。在这种情况下,省级政府如何与本级地方政府分享收入,会直接影响到土地财政给各级政府所带来的财政收益①。第二,省级政府作为省内治理的实际最高负责人,在现有法律法规的框架下,对省内土地制度和政策的具体规定和实施具有很强的影响力。以我国建设用地的规划管理为例。根据目前的土地管理框架,我国建设用地的管理主要通过实施土地利用总规划和年度土地利用计划来实现。两者均通过设定计划指标的方式对土地的利用开发进行从上而下的管制。汪晖、陶然

---

① 当然,各个省就如何在收入中划分省级收入和本级政府收入,可以存在很大的差异。

(2013)①指出,因为大量新增建设用地占用的主要是耕地,因此新增建设用地的规模主要取决于建设占用耕地的"规划指标",即原则上,一个地区在规划期内实际新增建设占用耕地数量不仅不能超过"规划指标"总量,且在这一规划内,年度土地计划还规定了一个地区当年可新增的建设占用耕地数量,即所谓的农转地(建设)用地的"计划指标"。换言之,必须同时拥有"规划指标"和"计划指标",农用地(尤其是耕地)才能合法转化为建设用地。中央政府在制定并向各个省下发土地规划指标后,各省、市、直辖区政府要相应对辖区内的地方政府层层分解下划用地指标②。因此,省级政府通过下放分解土地(尤其是农转地)指标,会直接影响省以下地方政府土地财政的空间。

不仅如此,在名义上严格的土地开发和利用管制下,省级政府如何对待地方政府针对土地开发和利用的管制,更是省级政府可以影响各地地方土地财政实践的一个渠道。这是因为即使在目前的法律政策框架下,地方政府可以通过合法的方式规避自上而下的土地管制③。一个方法就是发轫于浙江省的"土地发展权交易",即地方政府可以通过省内不同地区(如县或地级市)之间的土地指标的市场化交易,来达到突破土地开发和利用指标的限制。

本书并不试图对土地计划管制措施和地方政府的应对策略的经济效率和合理性进行分析④,只是想指出,地方政府要以土地发展权的方式来规避自上而下的土地开发和利用管制,是一个需要多方合谋的复杂的集体行动过程,而其中省级政府的态度至关重要。李学文、张蔚文(2018)认为,由于土地

---

① 本章就土地管理体制的叙述主要参考并引用了他们对这一问题的介绍。
② 例如,《土地管理法》第 34 条规定,各省、自治区、直辖市划定的基本农田应当占本行政区划内耕地的 80% 以上。1999 年国务院批准的《全国土地利用总体规划纲要》规划全国基本农田保护率为 83.48%,下达到各省区的基本农田面积占本行政区耕地的比例也都大致在 85% 左右。中央还将规划期内补充耕地总量下达到各省(汪晖、陶然,2013)。
③ 这和在政府管制下市场主体总有办法采取应对策略(coping stategy),以合法甚至非法的方式来规避政府管制,是一个道理。
④ 有关这一策略的详细介绍及其效率上的分析,可参考谭峻(2004),陆铭(2010),Wang et al.(2010),邵挺等(2011),汪晖、陶然(2013)的相关研究。

要素实际上控制在市、县级地方政府手中,如果他们没有参与合谋的意愿,土地发展权交易这一行为是无法达成的,所以市、县级地方政府之间的土地发展权交易是互惠互利的,这是交易得以发生基础和必要条件。同时他们也指出,如果没有省级政府的同意甚至支持,这一交易也很难完成①,更不可能发展成很大的规模②。这是因为在现有体制下,公开的大规模土地要素交易尤其是政府间的交易,没有上级(省级政府)的许可和支持,事实上是不可能的。

实际上,省级政府对地方政府土地财政的支持,不仅仅表现为对土地发展权交易这样的要素跨地区流动的支持,而是全方位的。例如,在现行土地管理体制下,35公顷以下的耕地(基本农田除外)、70公顷以下的其他土地,审批权限都下放到了省级人民政府。而省政府的土地审批对地方政府土地财政能走多远的重要性是不言而喻的③。汪晖、陶然(2013)的研究发现,中央政府在2003年的宏观调控中,针对各地大干快上开发区现象进行了全国范围内的整顿,全国各类开发区6 866个,经整顿后到2006年年底被核减至1 568个,规划面积从3.86万平方千米缩减为9 949平方千米。但实际上这些开发区多数只是摘掉了"开发区"的牌子,把名称转变成"城镇工业功能区"或"城镇工业集中区",原有的开发区功能几乎没有任何改变。显然,虽然地方政府自己的应对非常灵活,但如果没有省级政府的许可和支持,这种偷梁换柱式

---

① 他们的理由是横向上的市、县级政府由于不具有隶属关系,又由于信息不对称下道德风险与逆向选择的存在,私下缔结的契约有时不可靠,如果契约得不到很好的执行,会使得横向的合谋关系变得脆弱。而省级政府实际上相当于这样的隐形契约的执行人。

② 根据现有研究,土地发展权不仅在东南沿海发达地区(浙江、江苏、广东、福建等)十分受欢迎,在其他内陆地区(如四川、重庆等)也有不断扩张的态势。由于中央政府缺乏有效应对的手段,因此不仅对有关部门把浙江省的土地发展权交易经验推广到全国持保留态度,甚至在2008年干脆通过一刀切的方式叫停浙江省内相关操作。尽管如此,有学者认为地方政府的合谋行为只是转向了更隐蔽的方式,无法被完全制止(李学文、张蔚文,2018)。

③ 根据卢圣华、汪晖(2017)的测算,1999—2014年分别由国务院、省级政府批准的用地面积中,由省政府批准的用地每年均超过50%。

的基层策略也是不会有很大的效果的。

不过,正如本章开头指出的,省级政府为什么会支持省以下地方政府推行土地财政,本身就是一个有待进一步研究的问题。在本书第二章的理论基础上,下一节将从省级领导层的激励出发,讨论为什么省级政府会有动力允许和支持省以下地方政府开展土地财政(包括土地融资),以及在什么条件下这种支持会发生变异。

5.2 自上而下体制中省级政府的激励问题

第三章针对土地财政收益和成本分配的分析表明,若某省土地财政的实施力度越大,则意味着该省地方经济增长模式通过土地财政政策产生更具有倾斜性的分配效果,即由于土地财政,政产融利益共同体里的地方政府官员及其利益相关者更多地收获城市化和工业化带来的增长红利,而相关的经济与社会成本则更多地由其他社会团体承担,如因征地或拆迁而失地的大部分城乡居民、缺少劳动保障的进城务工人员、因环境问题而受到影响的居民等。本书第三章则指出,即使在自上而下权力高度集中的干部管理体制下,上级(包括省级领导层)也不能不考虑下级(包括省以下各级地方政府)的利益诉求。因此,一个合乎逻辑的推论就是,省级政府通过对本省土地财政的支持来直接或间接地为省以下地方政府和官员的利益诉求提供支持。当然,这种支持可能也会付出一定的代价。例如,由于土地财政和招商引资所带来的土地拆迁、利益纠纷与环境问题导致近年来大规模群体事件不断发生,甚至引发一些恶性事件,严重威胁到了社会和谐与稳定。这些负面效应及其社会影响不可能不为其所在地的省级领导层所知,后者即使不直接涉及土地财政行为,但也很难想象他们不会受到其负面效应的间接影响。因此,省级政府对地方土地财政的支持并不是廉价的姿态而已,而是反映了上级政治精英为支持下级利益诉求甚至愿意付出一定的成本。

在目前的行政体制下,省级政府之所以也会重视并支持对下级的利益诉求,其原因正如我们在本书第二章就已经指出的,在我国上下分治的治理体制中,地方官员在不违背中央大政方针和上级指示的情况下,有很强的政策灵活性和自主性来处理辖区内的事务(曹正汉,2011),包括选择性地实施上级的任务和政策(O'brien and Li,1997;章奇、刘明兴,2006)。因此,他们是否愿意以及在多大程度上配合,影响甚至决定了上级政策实施是否顺利及其实际效果(Li and Zhang,2018),因而上级要推动自己的所偏好的政策,在很大程度上也需要下级官员甚至是更基层的干部和社会力量的支持与配合(Zhang and Liu,2013;张冬等,2015)。对省内治理而言,省领导层的政策也必须向下层层分解才能得到贯彻和实施(如计划生育、耕地保护、扶贫等),而省以下各级官员和基层干部对省领导层的政策目标能否顺利施行也起着重要甚至是关键的作用。需要指出的是,这种支持不仅仅表现为政策执行上的配合,也表现为政治资源的汇聚和组合,即在非常重要的时刻(如上级部门的考察、评估、巡视和同僚间的相互竞争中),上级能够得到甚至动员下级为自己的政治生涯提供各种支持及其所需要的资源。总而言之,即使在自上而下的体制中,下级不仅具有动力通过各种方式来获得上级青睐,上级也有动力通过各种方式来获得下级的配合和支持。在土地财政问题上,正因为省级政府官员也对省以下地方政府和官员的配合和支持存在需要,从而也就决定了前者有动力支持后者实施土地财政。

第二章的分析和假说也同时指出,上级对下级支持的需要并不是无条件的。上级官员对于下级支持和配合的需求,会因上级领导层内部资源分布集中程度的不同而变化。在其他条件相同时,如果资源在不同的政治精英之间分配较为均衡,他们彼此之间就可能面临着更强的竞争,导致其面临的不确定性也就更高,因而他们就会更加需要包括下级在内的其他政治精英的支持,以此来巩固自己的施政基础和应对意外冲击。相反,若更多的资源集中于少数政治精英手中,这意味着他们已经拥有稳固的"施政"基础,从而有充足的资源和能力来应对影响他们政治生涯的意外冲击和风险,这就弱化了下级支持的价值。在这种情形下,其通过花费资源向下级输送利益来获取后者支持的动力也就相应减弱。同时,上级领导层的政治地位,也会影响到他们对待下级利益的动力。

具体到省级政府,作为中央政府在地方的最高执行机构,和中央具有直接的工作联系,甚至很多省级干部本身具有中央派驻地方的身份,如从中央有关部门直接调到地方任职。同时也有很多地方干部在升任中央之前,已经在各省领导岗位进行轮调,积累地方从政经验,显然是在为进一步进入中央进行资历和经验的积累。因此,从整体来看,省级领导层在地方官员群体当中无疑是最接近中央的。但同时,也不是所有的省级领导干部都具有相同的升迁概率。无论是从个人能力、从政资历和经验,以及同僚和中央评价等各方面来看,不同的省级领导获得进一步升迁的机会并不完全一致,甚至会有很大的差异。这综合反映了省领导层作为一个整体的政治地位是不一样的。例如,北京、上海、天津这些地方,其政治地位和重要性和其他地方相比显然更为突出,其领导层也相应具有更高的政治级别,也更容易进入国家高层。换言之,其省领导层的国家政治嵌入程度更高。

同时,省领导作为一个整体,虽然组织上必须在民主集中制的原则下进行集体领导,但由于不同领导干部的个人风格和能力、历史传统等种种原因,其政治资源集中程度也可能出现很大变异。例如,有的省份其最高领导来自中央调任,其在领导层的地位和作用相对而言自然会非常突出;也可能某个领导相对于其他同僚来说无论是性格还是工作方式都比较强势,因此其个人作用也会相对更明显。不同领导干部以往的工作经历和关系网络,无疑也会对他们在同僚中的相对作用影响很大。但不管具体情况如何,一个政治资源更集中的领导群体,彼此之间的竞争程度会相对减小,从而对自下而上的下级地方官员支持的需求程度降低。

因此,在第二章的假说基础上,我们进一步提出一个假说来解释省级政府对省以下地方政府土地财政的态度和动力机制。

假说Ⅰ:省领导层资源的集中程度越低,对该省土地财政的支持力度越高,从而该省实行土地财政的程度越高。

5.3 实证分析

5.3.1 被解释变量

第三章的分析表明,土地财政的关键特征是地方政府通过压低工业用地价格和提高商业与居住用地价格来操纵土地市场(汪晖、陶然,2013;Su and Tao,2017;Zhang,Fan,and Mo,2017)。因此,这里采用 2003—2012 年一省加总的商业和居住用地单位面积的招拍挂平均价格(万元/公顷)与加总的工业用地单位面积的出让价格的比值(CRI)来代理省内地方政府执行土地财政的平均程度(local land finance)。如果 CRI 的值越大,则代表一省实行土地财政政策的程度越深(图5.1)。

图 5.1 显示,在样本期所有的年份,各省 CRI 中位数的值都超过 1,表明商住用地价格大于工业用地价格。其中,2011 年为最小值,也是 1.98,最高值在 2005 年和 2006 年,分别为 4.81 和 4.99。同时,CRI 也随着时间的推移而呈现出下降趋势,这说明低价出让工业用地虽然仍然是土地财政的基本路线,但其相对(商住用地)价格的确是在攀升的,反映出随着经济增长,土地的稀缺性不断凸显,工业用地价格也水涨船高不断上升的趋势。

另外一个比较有意思的现象是,虽然很多学者认为土地财政主要在东部沿海省份等制造业比较发达的地方更普遍。但我们的计算表明,中西部省份实际上实行土地财政的热情也非常高。例如,2003 年 CRI 最高的省份是青

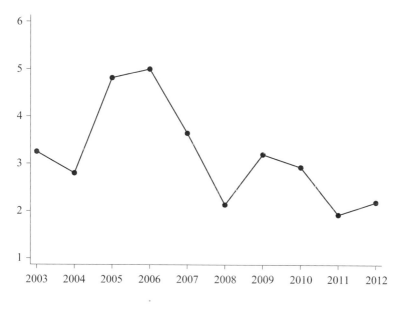

图 5.1　2003—2012 年各省 CRI 的中位数

注：CRI 是在一个省加总的商业和居住用地单位面积的招拍挂平均价格（万元/公顷）与加总的工业用地单位面积的出计价格的比值。

资料来源：历年《国土资源统计年鉴》。

海，其数值高达 17.7，紧随其后的是浙江（10.1）和宁夏（7.59）。2012 年最高的是北京（12.54），接下来是青海（11.26）和西藏（5.99）。这一方面的确说明中西部省份制造业不发达，导致工业用地价格偏低，同时也说明中西部地区对土地要素价格的扭曲是非常严重的。

这些初步结果，也是为什么我们没有使用学者通常以土地财政相关收入占预算内比例这样的指标来衡量土地财政实施程度。主要原因是后者其实只是地方政府扭曲 CRI 的一个结果，另外，正如这里的初步统计结果所显示的那样，中西部地区同样会用土地财政策略来获益，但这个利益在很大程度上无法通过财政收入本身反映出来，因为中西部地区即使招商引资，其效果也会比较有限，大量的土地财政利益并不会直接从财政收入的增长而反映出来。

5.3.2 解释变量：省领导层资源集中程度(PPC)

我们首先要测量省领导层政治资源集中程度。基于 31 个省份 1992—2012 年省委常委会所有成员的个人履历信息，我们编制了省政治资源集中度(provincial power concentration，PPC)指标来衡量省领导层的资源集中程度①。这一指标构建的理由在于在中国的组织系统里，省委常委会(Provincial Party Standing Committee，PPSC)是一省的最高权力组织，通常包括 7—9 名成员。其中，省委书记(provincial party secretary，表格与公式中用 PPS 代指)与省委副书记兼省长(provincial governor，表格与公式中用 PG 代指)是最重要的两个成员②。在党管干部的组织原则下，很多人认为省委书记应该是一省最有权威的官员，对省及地方重大人事的任免具有相当的影响，同时也在其他重要政策事项上具有发言权(Oi，1998；Li and Zhou，2005)。省长则应负责包括土地政策在内的重大社会经济政策。因此，以省长和省委书记为中心来衡量省内政治资源的分布特征是比较适宜的③。综合考虑这些方面，我们采用类似比较政治经济研究中常用的衡量一国议会中有效议席数量的方法来衡量 PPC(Laakso and Taagepera，1979)④，具体方程如下：

---

① 这一工作，初期是由笔者和上海财经大学公共管理学吴一平教授、刘志阔教授共同组织研究生完成。后期数据的进一步整理工作感谢笔者研究生王若愚、陈巍和吕胜的大力协助。

② 为行文简洁，本书中所说省委书记包括自治区党委书记、直辖市市委书记；省长包括自治区主席、直辖市市长。

③ 在实际中，很多时候地方干部之间的负责业务划分和考核并不存在严格的划分，如县委书记和县长之间理论上存在泾渭分明的分工，但实际上两者之间无论是业务还是责任，并不会截然分开。但在省级层面，由于资料限制和信息不充分，没有足够的理由和证据来表明省委书记和省长之间的分工和责任到底是如何区分的。

④ Zhu and Zhang(2016)在最近发表的一篇论文中也采用了类似的方法来衡量中国地市层级官员任期的稳定程度。

$$PPC = \frac{1}{(PPSC \text{ 中与 } PPS \text{ 相关联的人数百分比})^2 + (PPSC \text{ 中与 } PG \text{ 相关联的人数百分比})^2} \tag{5.1}$$

式(5.1)中,分母的第一部分和第二部分分别代表某省省委常委 PPSC 中与省委书记(PPS)和省委副书记兼省长(PG)有共事经历(职业关联)的比例。所谓共事经历是指两者在成为省委常委之前,在同一个行政机关或党组织中任职且行政级别的差距小于等于两级(Shih,Shan,and Liu,2010;Mayer,Shih,and Lee,2015)。PPC 值越大,说明省委常委的政治资源集中度更低,即更均匀地分布在省委常委之间。除了式(5.1)中所定义的 PPC 之外,我们还尝试了省委常委中同时与省委书记和省委副书记兼省长均无任何关联的人数百分比作为 PPC 的另一种测算方式来检验结果的稳健性(见本章第二小节)。需要指出的是,本文并未把省委常委中来自军队的常委予以考虑。这是因为按现有的干部体制,军职干部和文职干部分属两套体系,且文职干部和军职干部一般除了和军队事务相关的领域之外,并不会直接和对方负责事务有交集(Bo,2007)。

5.3.3 计量模型与控制变量

我们将以模型(5.2)为基础模型来估计省领导层资源集中程度对该省土地财政实施程度的影响。

$$CRI_{it} = \alpha \times PPC_{it} + \beta \times X + \rho_i + \mu_t + \varepsilon_{it} \tag{5.2}$$

其中,下标 i 与 t 分别代表省份 i 与年份 t。根据假说,我们预期 $\alpha > 0 \left(\frac{\partial CRI}{\partial PPC} > 0 \right)$。$\rho_i$ 是某省的固定效应,μ_t 是对所有省份一致的年份效应。ε_{it} 是不依赖于 ρ_i 和 μ_t 的随时间变化的误差项。X 是控制变量,包括反映省委常委的结构性特征变量、省委书记和省长的个人政治身份和地位、省内和各省之间的政治竞争、省财政状况、省内房地产市场供求状况、其他经济和地理因素等。这些控制变量有助于我们从不同角度评估本书假说的有效性,包括控制替代性假说的效应。这些变量的具体含义将在下一节呈现相关计量结果时予以说明和解释。

5.4 结果和分析

5.4.1 基本结果

表5.1描述性统计表明,无论是PPC还是CRI均可能包含异常值。附录5.1中表A1的第1列和第2列结果表明异常值对结果的影响的确存在。在这两列结果中,CRI的回归系数均不显著。因此,在正式的回归分析中,我们排除了这两个变量中取值超过平均值三个标准差的所有观测,其数量占整体观测数量的1.94%(310个中的6个)。在接下来的回归中,我们采用稳健OLS回归方法来估计模型(5.2),以更好地控制住不同观测值的取值差异对估计结果的异质性影响①。

表5.2的第1列(列1)给出了对模型(5.2)的分析结果。其中,PPC的估计系数显著为正,这与假说的预期是一致的。列1同时包括的基本控制变量为:农业用地面积(LAA)、建筑用地面积(LAUC)、建筑用地面积与农业用地面积之比(LAUC/LAA),前两个变量分别控制住按绝对数量衡量的土地潜在供应量以及现有土地供应存量,这两个变量的比例(LAUC/LAA)用来反映土地市场的实际供求平衡关系;省人口数量(用来控制住需求潜在水平);

---

① 这一方法是利用stata14软件中的rreg命令来实现的。若使用其他估计方法,如混合OLS、分位数回归与固定效应回归,结果仍保持不变,见附录5.1中的列3—列5。

表 5.1 描述性统计

变量名称	变 量 定 义	观测值	平均值	标准差	数据来源
local land finance	商业与居住用地单价(万元/公顷)/工业用地单价(万元/公顷)	310	4.06	3.76	《国土资源年鉴》，2003—2012年
PPC	省权力集中程度(provincial power concentration) $= \dfrac{1}{(\%PPS\text{'s connection in }PPSC)^2 + (\%PG\text{'s connection in }PPSC)^2}$ 或 = PPSC成员中同时与PPS和PG无关的比例	310	46.38	27.28	作者编制计算，2003—2012年
local connection	PPSC成员中由本地提拔产生的比例	310	0.77	0.08	同上
|PPS-PG margin|	|PPSC成员中与PPS关联比例−PPSC成员中与PG关联比例|	310	65%	0.12	同上
average tenure of PPSC members in a session	某省每一届常委会中所有PPSC成员任期年限(年)	310	0.05	0.06	同上
ln(LAA)	对农业用地面积(公顷)取自然对数	310	3.59	0.94	《国土资源年鉴》，2003—2012年
ln(LAUC)	对建筑用地面积(公顷)取自然对数	310	9.40	1.23	同上
LAUC/LAA	建筑用地面积/农业用地面积	310	6.75	0.79	同上
ln(population/10,000)	对人口(万人)取自然对数	310	0.13	0.16	《中国统计年鉴》，2003—2012年
log(per capita GDP)	对人均GDP(以1992年为不变价)取自然对数	310	8.07	0.87	同上
output share of non-agricultural sector	非农业部门产出占整体产出比例	310	9.15	0.59	同上
		310	0.88	0.06	同上

表 5.2 控制更多 PPSC 中的结构性特征

	(1)	(2)	(3)	(4)	(5)
PPC	0.01*** (0.004)		0.03* (0.02)	0.01*** (0.004)	0.01*** (0.004)
proportion of PPSC members who are local natives		−2.27* (1.40)	−0.73 (1.93)	−2.82** (1.38)	−3.65*** (1.44)
PPC × proportion of PPSC members with connections to the central PSC members					
PPC × proportion of PPSC members who are local natives			−0.03 (0.03)		
dummy for PPSC election year				2.19 (2.44)	
averaged tenure of PPSC members					0.31** (0.15)
benchmark Controls	YES	YES	YES	YES	YES
provincial Fixed effect	YES	YES	YES	YES	YES
year fixed effect	YES	YES	YES	YES	YES
No. of observations	304	304	304	304	304

注：括号中为稳健标准误。* p<0.1，** p<0.05，*** p<0.01，单尾检验结果。

人均 GDP（用来控制住经济发展水平），较富裕的省份对房地产的需求可能会更高，但土地财政的代价也会更高（如征地拆迁的补偿更高），因此该变量对 CRI 的综合影响无法事前确认；非农业部门产出比例（用来控制住产业结构）。产业结构如果以农业为主（如中西部地区），则地方政府缺乏通过土地财政来招商引资的比较优势，但同时，产业结构偏低的省份其社会经济发展水平较低，地方政府操控土地市场的能力往往也更强。因此和人均 GDP 变量类似，产业结构对 CRI 的影响无法事前确定；省份固定效应与年份固定效应。根据列 1 的估计结果，LAA，LAUC，LAUC/LAA 的回归系数都符合预期，表明市场因素通过需求和供给两个渠道对两种土地出让方式的价格比例产生了显著影响。省人口数量和非农产出/GDP 这两个变量均有显著为正的估计系数,但人均 GDP 的系数并不显著①。

5.4.2 考虑省政治结构的更多结构性特征

进一步地,我们也考虑了省领导与本地官员的关系。一些学者认为,若省领导是从辖区内逐级升迁上来的话,则他们在政策制定和资源分配方面会更倾向于照顾本地利益(Persson and Zhuravskaya,2016)。在列 2 和列 3 中,我们分别控制住了地方关联(Local Connection,为省委常委会成员中从省内提升上来的省委常委所占人数的比例),及交互项 Local Connection×PPC。在这两列中,PPC 变量系数仍然显著为正。但 Local Connection 变量并不显著(列 2),但对 PPC 的边际效应具有负的影响(列 3)。一个可能的解释是,在当前的干部人事管理体制下,省领导的中央联系确实反映了他们的权力基础,而他们自身在本省的地方工作经历和网络则难以捕捉到他们的权力有多大部分来自本地的工作经验和本地官员的联系。

在列 4,我们进一步控制住省委换届年份(虚拟变量),以考察换届年度是否会对省领导层争取下级支持的激励产生影响②。结果显示换届虚拟变量效应为正,但统计上并不显著。列 5 则控制住了省委常委成员的平均任期。如果任期很短,其向下输送利益以争取下级支持的激励很可能会比较弱。但同时,任期越短说明各种意外情况导致的不确定性较高,就更有动力来争取下级支持。列 5 的结果显示这一变量显著为正,表明第一个效应超过了第二个效应。

---

① 由于空间有限,这里没有直接列出这些控制变量的结果,有兴趣的读者可向作者询问或索取。
② 这是因为换届理论上需要足够的选票才能当选,可能会出现选举体制下普遍存在重视选举人利益的情况。

5.4.3 替代性假说Ⅰ：考虑省领导层的个人特征

到目前为止，PPC所度量的是省委常委中省委书记和省委副书记兼省长相对于其他同僚而言的政治资源集中程度。自然地，我们会考虑PPC的效应是否来自省委书记和省委副书记兼省长的个人特征，而并非反映省领导层对地方土地财政的集体偏好。举例来说，如果是个人因素在起作用，那么省委书记和省委副书记兼省长之间更多的是竞争关系还是合作关系？是否会对地方的土地财政有所影响？如果是竞争因素居多，则可能促使他们对地方土地财政"开绿灯"以获得地方官员的支持。为此，我们引入了一个新的变量（|PPS-PG Margin|）来衡量这一潜在的竞争关系，其定义为省委常委成员中与省委书记（PPS）关联人数比例与和省委副书记兼省长（PG）关联人数的比例之差的绝对值。在存在竞争关系的假设下，|PPS-PG Margin|取值越大，代表其中一方相对于另一方更有优势。

我们还引入了其他一些变量来进一步刻画省委书记和省委副书记兼省长的个人政治特征，这些变量也可能会影响地方官员在政策制定过程中讨价还价的能力与偏好（Persson and Zhuravskaya，2016），包括：省委书记或省委副书记兼省长是否有本地背景的哑变量（若是则取值1，否则取值0），这可以在一定程度上反映其成长背景对政策偏好的影响；省委书记或省委副书记兼省长是否为中央候补委员（CC）的哑变量（若是则取值1，否则取值0）；省委书记或省长是否是中央委员的哑变量（若是则取值1，否则取值0）；省委书记是否是中央政治局委员的哑变量[①]（若是则取值1，否则取值0）。这些变量可以捕捉通过政治制度规定的省委书记和省委副书记兼省长的政治地位以及他们和国家政治联系的紧密程度对政策偏好的影响。

---

① 在样本所属时期，没有任何省长（PG）是政治局委员。

表 5.3 给出了相关结果。列 1 和列 2 分别包括|PPS-PG Margin|与其他政治身份变量,列 3 同时了包括所有这些变量。结果表明:第一,|PPS-PG Margin|的系数并不显著①。第二,省委书记的个人身份特征回归系数均不显著,省委副书记兼省长是否为本地提升回归系数也不显著。但若省委副书记兼省长为中央候补委员,则对实施土地财政有负面影响,若其为中央委员则没有明显的效应。一个可能的解释是身份为中央候补委员的省委副书记兼省长政治激励更强(Shih and Liu,2013),因而其在土地财政方面持谨慎态度以避免其政治生涯被这种政策的负面效应所影响,如土地财政所导致的群体性事件和环境问题。尽管还需要进一步的研究才能对这些结果进行更完整的解释,但它们确实表明与省委常委整体的政治资源集中程度相比,省委书记和省委副书记兼省长的个人特征对地方土地财政实施程度的影响并没有那么突出。

表 5.3 控制 PPS-PG 的竞争关系与个人政治身份

	(1)	(2)	(3)
PPC	0.01** (0.001)	0.01*** (0.004)	0.01** (0.006)
% PPSC having local background	−0.89 (1.22)	−2.91** (1.40)	−2.95** (1.41)
|Margin of connections between PPS and PG in the PPSC|	−0.66 (2.11)		−0.35 (2.37)
If PPS is a local native		−0.30 (0.40)	−0.31 (0.40)
If PG is a local native		−0.04 (0.33)	−0.05 (0.33)
If PPS is an alternative CC member		−0.73 (0.62)	−0.72 (0.62)

---

① 我们也在回归中进行了|PPS-PG Margin|×PPC 交互作用的分析,但是没有发现显著交互效应。

(续表)

	（1）	（2）	（3）
If PPS is an CC member		−0.21 (0.60)	−0.24 (0.60)
If PPS is a central Politburo member		0.53 (0.75)	0.56 (0.75)
If PG is an alternative CC member		−0.58** (0.35)	−0.58* (0.36)
If PG is an CC member		−0.01 (0.40)	−0.01 (0.40)
Benchmark Controls	YES	YES	YES
Provincial Fixed effect	YES	YES	YES
Year Fixed effect	YES	YES	YES
No. of observations	304	304	304

注：括号中为稳健标准误。* $p<0.1$，** $p<0.05$，*** $p<0.01$，单尾检验结果。

5.4.4 替代性假说Ⅱ：考虑省内和省之间的政治竞争

现有研究中较有影响力的观点是上级部门（中央）可以利用其在人事任免上的权力在下级（地方）官员之间设置锦标赛，以引导和激励下级（地方）官员完成上级的优先目标（Xu，2011；周黎安，2007）。根据这种观点，地方政府和官员实行土地财政政策的主要动力并不是追求自身的经济利益（这实际上否定了本书所提出的土地财政反映了省级领导层对下级地方官员的利益的照顾和重视）。他们更主要的动机是通过土地财政为核心的地方发展战略来完成上级官员指派的任务，尤其是促进经济增长和产生财政收入，从而以更优良的绩效来获得上级青睐和更多的晋升机会。

为控制住这一替代性假说，我们仿效 Lu and Landry（2014）衡量中国地市一级辖区内的政治竞争所采用的方法，即采用一省的每一地级市所辖县的平均数量(No. of counties)以及一省地级市的数量(No. of prefectures)作为衡量省内政治竞争程度的指标①。除此之外,我们也考虑了另一个变量:neighboring land finance,定义为目标省份的相邻接壤省份执行土地财政的平均程度。该变量通过两个潜在机制对目标省份的土地财政产生影响:一个机制是省际竞争机制,这导致省领导关注自身相对于其他省的政绩比较;另一个机制是模仿机制,这导致目标省份的政治精英模仿其邻省的行为,其原因不是为了提高他们的政绩,而是为了表现出在照顾地方利益方面并不落后于其他省份,尤其是相邻省份。第一个机制支持政治竞争假说;第二个机制则更符合本书提出的省领导层通过土地财政照顾地方利益的假说。但是这两种机制都表明:neighboring land finance 程度越大,目标省份越有大搞土地财政的倾向②。

在表 5.4 中,列 1 给出了控制住 No. of counties、No. of prefectures,以及 neighboring land finance 的估计结果。结果显示,PPC 的系数均显著为正。No. of counties 和 No. of prefectures 的系数却不显著,表明省内政治竞争导致地方官员的土地财政冲突的机制并不明显。但是,neighboring land finance 的系数却显著为正,表明由于相邻省份竞争机制或模仿机制,或两者同时导致的溢出效应是存在的。要区别这两种机制中究竟哪一个在起作用,进一步的研究是必要的。

5.4.5　替代性假说Ⅲ:考虑地方财政创收动机

还有一个颇具竞争力的替代性假说是财政创收假说,即土地财政并非地

---

① Lyu and Landry(2014)认为,这种度量所依据的理由在于,在晋升职位有限的情况下,同一地区下属的县越多,为有限的晋升空间争夺的官员人数也就越多,从而政治竞争就越激烈。

② 由于页面限制,本书没有区分这两种机制。

表 5.4 替代性假设与机制

	(1)	(2)	(3)	(4)	(5)
No. of counties within a province	−0.17 (0.21)				
No. of prefectures within a province	−0.16 (0.22)				
averaged DV in neighboring provinces	0.09* (0.06)				
land-related revenues/budgetary revenues		0.005 (0.008)			
fiscal shortfall (expenditure/revenue)		0.70** (0.39)			
public employment/population		121.42 (118.91)	DV is local anticorruption intensity	DV is local land finance	DV is local land finance and using PPC as instruments for local anticorruption intensity
local anticorruption intensity				0.49*** (0.18)	33.38 (95.15)
PPC	0.01*** (0.004)	0.01*** (0.006)	0.001 (0.001)	0.02*** (0.005)	

续表

	(1)	(2)	(3)	(4)	(5)
% PSC having local backgrounds	-2.94** (1.40)	-1.69 (1.91)	-0.26 (0.51)	-2.57** (1.60)	-5.91 (19.16)
benchmark controls	YES	YES	YES	YES	YES
provincial fixed effect	YES	YES	YES	YES	YES
year fixed effect	YES	YES	YES	YES	YES
No. of observations	304	211	262	262	262

注：括号中为稳健标准误。* p<0.1，** p<0.05，*** p<0.01，单尾检验结果。

方政府和官员满足自身利益的载体,更有可能是他们在巨大的财政压力下的策略反应。这方面,有大量文献指出我国的地方政府干预和发展地方经济的一大动力就是为了促进财政创收(Oi,1992;Whiting,2001)。土地财政政策被普遍认为能够有效促进地方工业化和城市化,从而能够最大化地方财政收入(陶然、汪晖,2010;Su and Tao,2015)①。为了控制地方政府的财政创收动力,我们在表5.4第2列引入了三个财政变量:第一个变量 local fiscal dependence on land finance 定义为省内县(市)土地相关财政收入占该县(市)财政总收入的平均比例。如果财创收假说成立,那么地方财政更依赖土地相关收入的地方政府在推行土地财政上会更积极。第二个变量 fiscal pressure 定义为省内县(市)预算支出占其预算收入的平均比例。如果地方预算支出超出其预算收入越多,地方政府就越可能实行土地财政政策。另外,有人可能认为以上两个财政变量都是官僚系统规模的函数,因为官僚系统越大就越需要更多的收入来支撑运转。考虑到这一点,我们还控制住了第三个财政变量 public employment size,其定义为省内县(市)财政供养人口占县总人口的平均比例。但因为我们无法获得该变量2009年后的观测,因此引入这个变量导致有效观测数损失了近30%(观测数由304变为211)。

列2的结果表明,在控制住了三个财政变量之后,省政治资源集中程度(PPC)估计系数仍然显著为正。此外,在三个财政变量中,仅 fiscal pressure 的系数显著为正,这意味着除了 PPC 之外,地方收入能否覆盖其支出保持财政的正常运转的确也会显著影响地方土地财政行为。地方财政对土地财政的依赖度(local fiscal dependence on land finance)以及财政供养人口规模均不显著。

---

① 其实这一假说和本章的假说并不矛盾,但本章的假说和这一假说相比,实际上更强调地方土地财政的利益分配机制而不是收入创造机制。

5.4.6 考虑替代性机制：省级治理和对地方官僚体系的控制能力

虽然 PPC 的估计系数显著为正且很稳健,但其背后的含义也可能会不同于本书所提出的假说。另一个竞争性的作用机制是,省领导层权力越分散,可能就缺乏必要的权威和手段来控制下级地方政府和官员的行为。因此,虽然较低的权力集中度会导致更高的地方土地财政程度,但这却不是通过省政治精英争取地方支持的机制产生,而是由于权力较弱的省领导层无法有效管控地方下属而失去对地方政府发动土地财政的控制。这一竞争性机制,我们称之为省治理控制机制(PBC)。

表 5.4 的列 3—列 5 对 PBC 机制进行了检验。如果省权力集中程度通过 PBC 机制作用于地方土地财政,并且我们假设可以通过观察省内的反腐力度来反映省领导层对地方官员的实际控制程度,那么一个合理的猜测就是省权力集中度应该与该省针对地方官员的反腐强度有关,并且前者通过后者影响了地方土地财政的实施。

接下来,我们用一省的县及县以上官员中每年被检察院以腐败名义立案调查的人数所占比例来测度变量一省的反腐败力度(local anticorruption intensity)(Zhu and Zhang,2016)。首先,列 3 给出了以 local anticorruption intensity 为因变量,PPC 为自变量的回归结果。如表 5.4 所示,虽然 PPC 的系数为正,但在统计上并不显著,说明省权力集中程度和反腐败的力度联系并不明显。在列 4 中,我们同时将 local land finance 和 PPC 作为自变量对 CRI 进行回归。结果表明,在控制住反腐败力度后,PPC 仍有一个显著为正的系数。但与 PBC 机制的预期相反,反腐败力度有一个显著的负系数。如果 PBC 机制成立的话,这可能是由于反腐和腐败并存所导致的结果,因为更多的腐败很可能与土地财政相伴相生,进而导致反腐力度更大。鉴于此,我们进一步运用工具变量法来检验省权力集中程度是否通过 PBC 机制(即通过地方反腐的渠道)影响地方土地财政。列 5 给出了使用工具变量方法对以 CRI 为因变量的回归结果,其中反腐败力度作为内生解释变量,PPC 为工具变量。结果显示,反腐败力度的回归系数变得更大,但在统计上仍然不显著。综合以上结果,我们基本上可以把 PBC 机制予以排除。

5.4.7 解决可能的内生性:工具变量法

迄今为止,所有的结果均有力地支持了我们的假说。但我们还没有考虑潜在的内生性问题。例如,由于土地财政的负面效果可能会对省领导造成影响,这会导致反向因果关系存在,而来自中央的反腐败或涉及房地产市场的宏观调控所产生的冲击,也可能会同时影响到省领导层和地方土地财政。

我们认为上述因素导致内生性的可能性并不大。例如,实践中几乎没有省级官员仅仅因为土地财政相关的群体性事件或腐败而被调查,而来自中央政策变化所带来的冲击,在很大程度上也被省份与年份固定效应所吸收。尽管如此,我们还是用工具变量法来处理潜在内生性问题。我们引入了三个工具变量:第一个是在职的省委常委中,曾在往届常委会中担任常委的人数所占比例。这些人的存在直接影响到本届常委的人事组成,更多地反映了中央与省的政治互动,但其往届任职经历和当前土地财政没有直接关系。第二个工具变量是省委常委中来自军队委员人数所占比例。前面已经介绍过,文职干部和军职干部一般除了和军队事务相关的领域之外,并不会直接和对方负责事务有交集,但他们在省委常委中的存在本身会直接影响到省权力集中度。第三个工具变量是相邻接壤省份(不包括所考察省份)的平均省权力集中度数值,这个变量和所考察省份的土地财政也没有直接关系,更多地反映了中央与省之间的政治互动所产生的跨省影响。

表 5.5 的列 1—列 3 给出了工具变量回归的结果。所有结果中,PPC 的系数仍然显著为正。表格底部的第一阶段 F 值表明在所有列的回归中均不存在弱工具变量问题,且均通过了过度识别检验,因而工具变量均可看作是有效工具变量。根据第一阶段的结果,省委常委中往届省委常委会成员比例越高,省委常委中的权力集中度就越低。若省委常委中军队常委以及相邻省份权力集中度更高,则省委常委的权力集中度也会更高。这些结果和我们的直觉是一致的①。

表 5.5 工具变量法估计

	(1)	(2)	(3)	(4)
	因变量是 CRI			因变量是每万人中财政供养人口数
PPC	0.03*** (0.01)	0.03*** (0.01)	0.03*** (0.01)	−0.10 (0.09)
财政缺口		−0.40 (0.48)		
相邻省份的 CRI 均值			0.10 (0.10)	
％PPSC 中本地晋升委员所占比例	−5.26*** (1.57)	−5.12*** (1.25)	−5.26*** (1.55)	−19.19** (11.08)
基本控制变量	YES	YES	YES	YES
省固定效应	YES	YES	YES	YES
年份固定效应	YES	YES	YES	YES
第一阶段结果				

---

① 我们还以省委常委中和省委书记与省委副书记兼省长完全没有任何关联的常委人数所占比例代替现在的因变量,用同样的工具变量方法和设定进行了回归,结果放在附录 5.1 中,可以看出,结果没有多少变化。

(续表)

	(1)	(2)	(3)	(4)
	因变量是 CRI			因变量是每万人中财政供养人口数
％上一届 PPSC 成员比例	2.38***	2.30***	2.42***	2.83***
％PPSC 中军队委员所占比例	−144.31***	−128.19***	−145.2***	−73.65**
相邻省份土地财政程度	−0.66***	−0.65***	−0.66***	−0.92***
第一阶段 F 值	17.2	16.4	17.0	17.9
观测数	304	304	304	211

注：括号中为稳健标准误。* $p<0.1$，** $p<0.05$，*** $p<0.01$，单尾检验结果。

5.4.8 考虑作用途径

如前所述，地方政府的土地财政策略包括压低工业用地价格和提高商住用地价格。既然目前的结果均指向省政治精英的支持对地方土地财政的重要作用，自然也需要考虑这种支持究竟是通过何种具体途径来实现对土地财政实践的影响。换言之，究竟省级政府的支持是更多地体现在有助于地方政府压低工业用地价格，还是有助于其提高商住用地的价格，抑或两者皆有？首先，我们以 PPC 为自变量，取对数的单位面积工业土地出让价格为因变量进行了回归。接下来，我们同样以 PPC 为自变量，取对数的单位面积商住用地招拍挂价格为因变量进行了回归。回归结果表明，PPC 取值越大，单位面积工业土地出让价格越低，单位面积商住用地招拍挂价格越高。这说明省领导层的权力资源分布对地方土地财政的影响是全方位的，即会同时影响到地方政府对不同类型的土地市场的操纵,这和大多数国内学者针对土地财政的研究也是一致的①。

5.4.9 对利益分配渠道的再考察:一个替代性的政策工具

对土地财政的支持当然不是唯一的照顾下级利益的方式和手段。除此之外,扩大政府公共部门的编制和就业岗位也是一个潜在的手段。事实上,扩大公共部门规模以增加在这一部门的就业是世界各国政治精英争取社会支持的常用手段(Robinson and Vider,2013;Ang,2015)。考虑到我国体制内岗位的各种福利和待遇,扩大体制内就业也是一个可以考虑向下利益诉求的政策工具。因此,一个自然的问题就是,如果本章假说所提出的政治激励机制存在的话,会不会也通过这一渠道表现出来?

我们认为对这一问题的回答不仅和激励机制有关,也和决策者对各种政策工具的掌控能力(或使用成本)有关。事实上,前面所有的论述和分析,默认的前提是省政府对辖区内土地财政具有足够的控制力且不需要为此付出多少直接成本。但即使是省政府,对扩大本省体制内的编制规模这一问题并没有多少自由裁量权,因为现行制度下只有中央政府对此有最终的决定权。换言之,和表态支持地方政府的土地财政相比,扩大体制内编制和就业水平对政策自由裁量权(需要和中央有关部门谈判)和资源(直接消耗财政收入)的要求更高,因而使用这一政策工具的难度和成本也应该更高。从供给的角度看,后者对决策者的吸引力会相对较低,而一个分散的省政治资源集中程度并不利于为地方争取到更多的体制内编制和就业。

为了进一步考察这一点,我们以各省省内每万人中财政供养人口数量作

---

① 本章没有报告这些结果,有兴趣的读者可向笔者索取。

为因变量进行了回归分析。表5.5的列4给出了回归结果。可以看出,此时PPC系数变为负且不再显著。这再次支持了本章假说。

5.5 结论

许多研究在分析包括土地财政这样的地方经济发展战略和政策时,均强调在自上而下的干部人事管理体制下,下级会通过各种手段(如土地财政方式)竞相完成上级偏好的政策目标(尤其是经济增长)以获得后者青睐,从而得到上级的庇护和晋升(Li and Zhou, 2005; Xu, 2011; 周黎安, 2007)。本章的分析从本书第二章的框架出发,指出下级有动力满足上级偏好只是一方面。即使在强调自上而下的干部人事管理体制下,上级也可能非常需要下级的支持,并因此愿意通过向下分配利益来获得后者的支持,而对地方的土地财政政策予以背书甚至鼓励,是成本较低的一种利益分配工具。

因此,研究者首先不能也不应该忽视经济政策的利益分配性质。实际上,正是因为经济政策的这种性质,决策者和政策制定者可以有意无意地通过不同的政策组合,来使得利益分配向自己或自己的支持者倾斜,但相应的成本却由其他社会团体来承担(Pepinsky, 2009; Rock, 2017)。这种分配性政治(distributive politics)的逻辑,已经为大量的理论和实证研究所关注(Bueno de Mesquita et al., 2003; Magaloni and Kricheri, 2010; Zhang, Zhang, and Liu, 2017)。实际上,除了本书所考察的土地财政之外,其他很多被认为和经济增长与发展直接相关的政策和制度,如分权、政府治理(如环境保护、腐败)、收入分配、政商关系等,也会具有利益分配的性质。对这些问题和现象从分配性政治的视角出发重新进行诠释,也会得到非常有意思的结论。

附录5.1 异常值及其效应检测

	(1) OLS 全样本	(2) OLS 全样本	(3) OLS 全样本	(4) 分位数回归子样本	(5) 省内固定效应子样本
PPC	0.01 (0.01)	0.01 (0.01)	0.01** (0.006)	0.01*** (0.004)	0.01* (0.008)
基本控制	否	是	是	是	是
省份固定效应	是	是	是	是	是
年份固定效应	是	是	是	是	是
观测值	310	310	304	304	304

注：括号中为稳健标准误。* $p<0.1$，** $p<0.05$，*** $p<0.01$，单尾检验结果。

第6章

地方治理视角下的政商关系:"亲"与"清"的分野和结合

6.1 政商互惠的内容和性质

无论是亚洲"发展型国家"的产业政策还是中国的地方发展模式,其中心环节均表现为一定的政商关系①。在发展型国家文献里,产业政策的形成和实施通过自主性政府和企业的嵌入整合而实现了所谓的"重商主义"。在中国的地方发展模式中,无论是早期表现为乡镇企业的地方法团(社团)主义还是20世纪90年代中期以来的土地财政(包括土地融资),其核心都是以亲商为典型特色的政商关系并在此基础上形成的政产融利益共同体,其背后则是不同利益主体之间的互惠关系。

本书也指出,无论是20世纪80年代还是之后,中国的地方发展模式也表现出了很大的差异。例如,江苏(苏南)模式和浙江(温州)模式之间的差异就很大,前者在很大程度上体现为以乡镇(集体)企业为主的增长,而后者则主要体现为以个体和私营经济为主的增长。即使在20世纪90年代中后期以来,不同地区实施土地财政的程度也有很大差异(包括省间差异)。这种差异,意味着政商关系在不同的条件下其互惠性质和亲密程度也会大不相同。

首先,在政商关系中,双方为各自所提供的利益是这一关系形成的必要条件之一,但互惠的内容和性质却可以是不一样的。地方政府和官员可以为

---

① 很多人把政商关系和政企关系刻意区分开。后者主要是从所有制和委托代理关系的角度来进行分析,如国有企业下的政府和企业经营之间的关系;而政商关系则被看成是政府和具体的企业或企业家之间的关系。本书的政商关系主要聚焦后一个角度,同时并不刻意强调政商关系和政企关系的区别,而认为两者之间是可以交互使用的。

企业提供优惠性政策（涉及土地、水、电、贷款、财政补贴、政府工程等），也可以为企业经营或企业投资提供便利或保护。例如，20世纪80年代在计划经济体制下地方官员帮私营企业注册成为集体企业（"戴红帽子"），提供良好的基础设施条件和经营环境等，而政府和官员从企业和企业家那里也会得到他们需要的东西，包括企业投资所带来的经济增长、财政收入和就业，甚至是灰色或黑色收入。除此之外，很多人并没有注意到的是，企业家为政府和官员提供的政治支持也不可小觑。在本书第二章我们曾提到的黄岩地区和长兴地区的撤区（县）并市事件，里面的主要推手当然是地方干部群体，但企业家的参与也非常重要。事实上，企业家的社会地位、影响力和资源，尤其是他们的社会动员能力，决定了他们在这种活动中的作用是不可或缺甚至是关键性的。在什么样的条件下形成政商双方存在对彼此的需求和相应的提供能力，无疑是理解政商关系的一个关键切入点。事实上，当政商之间无法形成彼此需要的互惠关系时，就会形成一方对另一方的管制或控制，甚至是对抗性的关系。

同时，政商关系不仅反映了政商双方之间的互惠关系，同时也反映了更大范围内的利益分配格局。无论是在苏南模式下还是在土地财政模式下，地方政府和官员在向一部分企业（如能人企业、招商引资来的大企业）提供特惠政策和服务的同时，使得其他的企业（如本地中小企业）事实上处于不利的地位。但在浙江模式下，这种以其他企业的利益为代价而给另一些企业提供特惠政策和服务的做法就会相对少很多，且力度也要弱很多。不仅如此，浙江模式下的政商关系在很大程度上意味着利益均沾。例如，地方政府要为企业征地，那么就必须支付给村集体和村民足够的补偿，同时村集体和村民之间的利益分配也要找到一个双方都能接受的均衡点。因此毫不奇怪的是，同是经济发达省份，浙江的征地补偿往往高于江苏，而浙江的村集体和村民之间的分配也是往往更有利于后者。换言之，政商关系的利益分配不仅仅反映了政商之间的互惠程度，也反映了包括政商在内的更多社会力量的参与及其利益分配。

因此，本章将从政商关系的互惠关系的内容和性质出发，分析政商关系的运行机制及其作用。尤其是，我们将指出政商关系的形成和运行机制与地方政治的权力结构的特点以及其他结构性因素密切相关，从而为分析政商关系的性质及其作用提供了一个理论分析框架。

6.2 政商合谋下的政商勾结：特点和后果

本书前面几章的分析表明，政府官员之间可以存在利益交换。同样地，政商关系也可以从互惠即利益交换的角度予以分析。换言之，政商之间可以通过彼此互相输送利益（包括政治和经济利益）来形成一个利益共同体。有很多学者把这种利益共同体关系称作政商合谋（collaboration），但对这一关系的理解还是比较狭隘。实际上，从互惠关系的角度来看，政商合谋根据其利益提供和交换的方式和性质，可分为政商勾结和政商合作两种性质和结果截然不同的表现形式。

政商勾结（collusion）是政商双方主要通过私人物品（private goods）的方式向对方输送利益。其特点是，无论是利益的输送方还是接受方都是特定的个人或者以少数人为核心的关系网络，这使得政商勾结下利益输送的对象和范围都十分明确且可控，即双方都能够保证自己的利益输送能够且仅能够输送给特定的个人或以少数人为核心的关系网络，从而使自己利益输送的价值对受惠人而言实现最大化。由于政商勾结是定向输送的政治或经济利益，其实现形式包括：优惠的银行贷款或财政补贴、转移支付，政府和商业合同、贿赂、对官员或商人的政治庇护或政治支持（如政治献金）等[1]。显然，政商勾结

---

[1] 关于企业融资和财政补贴方面的研究，可参见罗党论、甄丽明（2008），余明桂、潘红波（2008），余明桂等（2010）等研究。有关矿难中的政商关系，可参见聂辉华（2013）的研究。

更接近于传统的庇护关系(patron-client relationship),其利益交换关系明显呈现出个人和小集团所特有的排他性和封闭性①,从而也更容易滋生传统意义上的腐败。近年来媒体报道的很多腐败的案例,如金螳螂案、亿赞普案、高铁刘志军案等,都是政商勾结的典型。同时,由于政商勾结下的利益实现和分配是一种私人物品而不是范围更大的公共物品,从社会公众的角度来看,相对于政府提供无歧视性的产权保护之类的公共物品的方式,以政商勾结这种方式提供私人物品的覆盖面无疑相对更小,公正性和效率均相对更低。也正因为在政商勾结中受惠的仅是少数个人或以他们为核心的小团体网络,被排除在政商勾结之外的社会群体(包括企业家和其他利益主体)的利益有很大可能会直接或间接地受到损失,如无法公平地获得稀缺资源,或被迫承担政商勾结所带来的成本。

尽管如此,政商勾结的效果仍然取决于政商勾结的具体形成机制。一方面,在外部环境参数不发生变化的情况下,政商勾结的均衡结果反映的是政商互惠双方在现有条件下的利益最大化。从商(企业家)的角度来看,只有当与官员形成利益共同体的收益大于不参与形成共同体所获得的收益时,才会选择加入政商勾结;对官员而言也是如此。另一方面,这种利益共同体究竟是如何是实现的,即利益产生的来源和渠道仍然会起到重要作用。如果政商勾结的利益主要来自企业家在市场竞争中所获得的收益,那么显然能力越高的企业家就越能带来更多的利益,企业家会在政商勾结的谈判中处于优势地位。在此情况下(利益更依赖企业家的能力),能力越高的企业家会在政商勾结中获得更多的利益,并且官员也愿意和能力更高的企业家形成利益共同体。这种政商勾结对效率的负面效果就相对较小,甚至由于其局部产权保护

---

① 在政商勾结条件下,对原有的受惠人而言,除非政商勾结的利益输送规模变大(此时利益输送提供方的成本会相应上升),否则一旦受惠人或其网络的规模扩大,导致更多的人成为这一互惠关系的受益者,则这一政商勾结下每一个受惠人所获得的利益均变得更小,这就使得这一利益共同体天然具有封闭和排他的性质。

第6章 地方治理视角下的政商关系:"亲"与"清"的分野和结合

和对高能力企业家能力的选择,保持了一定的资源配置效率,还会提高整体资源配置效率或推动经济增长①。例如,Haber(2003)就指出,即使裙带资本主义(crony capitalism)也可能带来经济增长,原因就在于在整体环境恶劣的情况下,政治精英通过政商勾结,为其中的商人提供类似定向产权保护之类的私人物品,使得至少后者可以放心投资和经营,从而实现局部的经济增长。另外,我国20世纪80年代的"双轨制"带来了一定的腐败现象,但因为使资源从计划经济体制转到计划体制之外,从而客观上局部提高了资源使用效率。

如果政商勾结的利益主要来自官员手中掌握的资源,而企业家的作用更多只是为官员的资源实现在市场上的变现提供一个渠道或便利,那么对企业家的经营和革新能力的考虑就不会占据主要地位,官员会选择能力较低但容易控制的企业家形成政商勾结,且会在政商勾结的谈判中处于相对优势地位。此时,官员而不是企业家在政商勾结中将获得更多利益,而高能力的企业家也缺乏和官员进行勾结的意愿。从社会的角度来看,这种政商勾结显然不利于提高资源配置效率。

影响政商勾结效果的另一个因素是对这一利益共同关系稳定性的预期,即参与者对利益共同体所面临的风险和其保持稳定性的预期。这是因为他们所考虑的收益是对现有环境下的风险进行折算后的收益,即考虑了合约可执行性风险后的收益。一方面,政商勾结实现利益最大化的利益共同体的形成会具有一定的稳定性,因为这种利益最大化本身就具有自我实施的性质,不完全依赖独立第三方的监督和保证来实施。具体而言,政商勾结首先使得官员(可以包括其家属成员甚至直接利益相关者,如官员的亲信)可以分享企业家所创造的租金。如果官员背弃了和企业家所达成的隐性契约而侵犯了后者的财产,那么也就意味着官员放弃了政商合谋所带来的租金。如果这一租金对官员而言是极为重要的(如这些租金是满足官员财富甚至政治需要的

---

① 这一结果类似于 Olson(1982)关于坐寇机制作用的研究。

必要条件),且官员无法找到企业家的替代者,那么他们就不会主动背弃政商勾结,从而使得这种互惠关系形成一个可自我实施的合约。另一方面,正因为政商勾结是一个非正式的隐性契约,甚至可能是违法行为,因此也不会存在一个正式的第三方仲裁机构(如法院)来保证合约的履行,导致政商关系很可能因为各种内生或外生的条件变化或冲击而无法维持,从而双方都会有行为短期化的倾向以实现短期利益最大化而不是长期利益最大化,即出现严重的道德风险或某一方(甚至双方同时)的违约现象。例如,由于官员调任,一方主动选择对另一方违约,包括停止利益输送、举报等。

对企业家而言,上述风险反映的是官员背约所带来的风险。因此,这一风险越高,企业家所要求的风险溢价就越高。对这一风险溢价的支付,可以表现为对稀缺资源和物资的直接索取,甚至是要求资源或行业性的垄断经营权或特许权,也可以表现为诸如廉价银行贷款或财政补贴之类的优惠政策等。企业家也可能进一步采取最大化短期化利益的手段,把可能来自官员背约的风险所带来的损失现值最小化①。同样地,官员也要考虑企业家背约的风险。例如,地方政府招商引资招来一个大企业,但后者如果很容易找到更好的靠山或转到另外一处进行投资,那么官员在一开始就会考虑到这种情况,而倾向于和那些能力有限但容易控制的企业家形成合谋关系。无论哪种情况,为了维护一个稳定的政商勾结所造成的效率损失都是很明显的。

在现实中,对政商勾结利益共同体造成的外生冲击,可能主要来自中央或上级的反腐力度。给定任何一个政商勾结,反腐力度的加大意味着政商勾结被发现的可能性上升,从而减少官员通过政商勾结来获得的收益。但反腐对效率产生的直接作用却比较复杂。如果政商勾结中利益主要来源于官员手中掌握的资源,那么由于在原来的政商勾结中官员占据优势地位,因而反

---

① 一个例子就是如果企业家对官员的(正式或非正式的)承诺没有信心的话,那么就会选择在经营的过程中忽视环境的保护或生产安全,以期在最短的时间内变现政商勾结的价值。

腐力度加大,官员的利益受损相对更多。同时,面对反腐这一冲击,谈判能力更强的官员可能会中止现有政商勾结,也可能要求在现有政商勾结利益共同体基础上直接要求一个更高的回报率,这种效应相当于利益共同体产生的收益进一步向官员倾斜①。显然,无论哪种情况,如果此时整体制度环境(如宏观产权保护环境)不变,那么反腐实际上对效率的直接作用不大。

如果政商勾结利益主要来自企业家的才能,那么由于反腐力度加大,官员在利益共同体中提供保护的作用加大,导致政商勾结中官员的利益分配向官员倾斜;或者政商勾结解体,但导致政商勾结相联系的局部产权保护功能消失。除非宏观的政体制度环境能够实现对局部产权保护关系终止的替代,否则无论哪种情况发生,效率的直接促进效应不会立即显现。

6.3 政商合谋下的政商合作:特点和后果

政商合谋的另一类表现形式是政商合作(cooperation),即政商双方通过(准)公共物品的方式向对方输送利益。其特点是,由于政商合作所提供的利益形式是非排他性和非竞争性的公共物品,其利益输送对象不会也无法局限于特定的个人或者以少数人为核心的关系网络。政商合作的实现形式主要体现为按一定规则进行公共物品分配或集体行为,如官员可提供良好而开放的经商秩序和环境(包括对官僚行为的自我约束、稳定的征税、合理的市场监管和政府服务、适度的基础设施投资),而企业家群体可提供的是稳定的就业和税收收入以及对官员群体的政治支持。

---

① 当然,理论上讲官员也可以和效率更高的企业家形成政商勾结关系,通过把饼做大的办法来减少反腐的冲击。但这一方法的可能性实际上很低:一是重新形成政商关系的交易成本可能会很高(尤其是考虑到时间因素);二是如前所述,和能力更高的企业家形成利益共同体会使得利益分配更有利于企业家而不是官员。

政商合作的这种特点对政府治理和公共政策的性质具有重大意义。例如,从产权保护的角度来看,在政商合作中,官员提供的是通过为尽可能多的商人和企业家提供以规则为基础的、开放和普惠式的产权保护(作为一种公共物品),从中获得回报,并且从政商合作中所产生的回报也不会仅流向少数特定的官员或其网络,而是以公共资金或其他形式(如社会性的政治支持)惠及官员群体。这和政商勾结形成了鲜明对比,后者是一部分官员通过向少数特定的商人或企业家提供产权保护,包括提供排他性的合同、资源甚至特权,并从中获得政治或经济利益。因此,和政商勾结相比,政商合作下的政商关系更开放,具有更广泛的社会容纳性,从而也就允许更广泛和充分的市场竞争。

我国的民营经济发展历程充分说明了这一点,即真正对市场经济中市场力量的健康发展和企业家精神有持续性的保护和促进作用的,是政商合作而不是政商勾结。例如,改革开放在早期很长的一段时间内,无论农村的包产到户还是城市的个体或私营企业,因为意识形态的原因都不得不以地下状态存在。如果这些活动仅是个人自发性的行为,那么其影响和作用都会很有限,最好的结局也不过是建立在个人利益交换基础上的地下经济活动和违法行为;但如果这些活动是在政府官员默许甚至支持下的集体行为,就可以升华成为基层群众试验和创新,其生命力会更顽强,影响范围和作用都会大很多。例如,针对改革初期农民自发的包产到户现象的研究表明,凡是出现大范围和持久性的农民自发包产到户的现象,几乎无一例外都是在政府官员作为一个整体对大范围农民自发性的包产到户实践普遍予以默许和支持的情况下发生的。如果是个别官员或个别农民的自发行为,那么往往会出现"人亡政息"的现象,即随着干部的调动或升降,新上任的干部对自发包产到户的态度发生很大的改变,因此包产到户的命运也随之发生转折①。

---

① 对这一现象的介绍和详细分析,可参考章奇、刘明兴(2016)的相关研究。

第6章 地方治理视角下的政商关系:"亲"与"清"的分野和结合

类似地,在私营部门的发展过程中,存在政商合作的环境也对私营经济的助益极大。例如,在温州经济发展过程中,虽然宏观经济和政策环境在整个20世纪80年代到1992年之前出现过多次反复甚至挫折,但温州地区的民营经济仍然茁壮成长。原因之一就是即使在政治压力很大的情况下,温州各地各级领导干部均对当时在意识形态上比较敏感的各种基层政策创新给予极大的容忍和支持,甚至采取主动措施,把不合法的经济活动通过制度化的方式予以合法化。并且这种支持和鼓励,并非局限于个别特殊行业或特权企业,而是面向整个地区的所有民营企业和行业。因而,即使民营部门在整体产权保护有缺陷的情况下,仍然可以得到相对稳定的经营环境并获得相应的发展。例如,在20世纪80年代私营企业还没有完全合法化的时候,温州、台州等地的地方政府就相继允许并制定了有关个体和私营企业挂户经营(即"戴红帽子")和成立股份合作企业的制度法规,推进了民营经济的合法化,保护和促进了整个民营经济的发展①。

对官员来说,除了政商合作所带来税收、就业及经济增长外,来自后者对地方政治精英的政治支持和工作上的配合也是非常重要的,尤其是企业家群体在政商合作中所具备的集体行动能力,是维持政商合作互惠关系的极为重要的因素。在黄岩事件和长兴事件中,两地的地方政治精英正是首先通过对社会力量的动员发起集体行动向不利于自己的上级政策表达不满,最终成功地捍卫了自己的利益。在这一过程中,作为一个社会阶层的企业家群体发挥了很大的作用。例如,在黄岩事件中,他们或借助于自己的人大或政协代表身份进行呼吁,或再借助自己的社会资源和网络动员更多的力量参与集体行动,从而能够为其背后的地方政治精英提供很大的支持。而企业家的这种集体行动能力也说明,政商合作通过提供公共物品来惠及企业家群体的方式,不仅会有助于企业家获得丰厚的经济回报,也会极大地提高企业家的社会地

---

① 对这一现象的介绍和详细分析,可参考章奇、刘明兴(2016)的相关研究。

位和组织能力。例如，在政商合作的环境下，企业家们可以相对自主地组织和参与各种行业协会和企业家俱乐部、定期或不定期地举办各种商业和社会活动（如慈善事业和各种捐款）、彼此进行业务信息交流或就政企关系进行协商等。这也意味着，他们不仅有能力通过集体行动的方式为政府官员提供政治支持，而且也有能力在政商合作中以集体行动的方式向政府传达自己的声音并影响政策制定，从而使得自己在政商合作中获得足够的利益。

和政商勾结相比，政商合谋所形成的利益共同体的利益实现机制不仅更为公平和开放，并且更加稳定。这是因为政商合作中的双方主要是以通过集体行动为对方提供公共物品的方式来实现利益，即使个别官员或企业家有退出合约的动机和行为，也不会对政商合作的运行造成明显的影响。因此除非发生非常大的变动（如全局性的政治运动）从而导致其中一方完全丧失集体行动能力，否则政商合作的稳定性不会轻易发生变化。政商合作的稳定性与其公平性、开放性结合在一起，无疑会提高企业对长期投资的信心，从而对企业长远投资起到积极的作用。

除有利于推动企业的长期投资外，和政商勾结相比，政商合作也更有利于人力资本积累和技术进步。这和企业投入所使用的生产要素的性质及其对政商合谋的稳定性有关。从政府官员的角度来看，如果企业生产依赖的主要是传统资源（如土地和自然矿藏）或非常成熟的技术，那么企业的未来发展轨迹基本上是可预计的，其要素投入需要依赖政府官员持续提供的保护甚至是排他性特权，或者企业在可预见的将来不可能通过技术突破而发展出新的盈利模式，从而对原有政商合谋的相互需求关系不会产生很大的变化，因此官员就无须担心企业家会主动背弃现有的政商合谋关系。相反，如果企业主要依靠人力资本作为要素投入或使用特定甚至前沿的技术，那么企业家相对于政府的信息优势就十分明显，政治精英对企业的可控程度就相应减弱。因此，政治精英具有内在的动机不鼓励企业进行技术升级或创新，甚至可能会主动采取策略性行动，来阻止企业进行人力资本投资或采用新技术。显然，

第6章 地方治理视角下的政商关系:"亲"与"清"的分野和结合

这种机制更容易出现在政商勾结的环境中。这是因为在政商勾结中,官员提供的是排他性的产权保护甚至特权,而新技术和新商业模式的引进,意味着官员所提供的私人物品价值的降低以及企业对官员私人物品的依赖度降低,这也就意味着他们会对任何有可能导致对这种排他性私人物品产生替代的新技术和新商业模式产生强烈的警惕和排斥。同时,由于政商勾结关系中官员提供的是排他性的私人物品(如优惠政策和资源、特许经营权等),这意味着企业对这些排他性私人物品的依赖度更强,而官员也因此掌控着对企业至关重要的资源,从而也就更有能力采取行动来阻止企业采用新技术和新的商业模式。

但在政商合作中,由于官员提供的是公共物品和服务,这种利益提供方式使得官员缺乏足够的手段来阻止企业采用新技术或进行技术革新。不仅如此,如果政府官员提供的主要是包括产权保护在内的公共产品和服务,就为企业试验新技术提供了一个良好的治理环境和基础设施条件,这会进一步有利于企业采用新技术和新的商业模式。同时,如果企业所处的宏观环境并不能提供一个完美的产权保护环境,那么其所处的政商合作的小环境就不具有可替代性,这是因为良好的治理尤其是可置信的产权保护在发展中国家往往是稀缺品。这就使得那些密集使用人力资本和新技术、新生产方式的企业很难在现有的政商合作关系之外找到合格的替代品,因而也就使得政商合作关系中的政治精英并不会强烈反对企业对人力资本和新技术的投资。

最后,政商合作也更有利于产生地方性的产业集群,如在山东半岛、长三角和珠三角等地大量存在的各类产业集群(服装、手机、电脑制造和装配等)和商业集群(如义乌小商品批发产业群)。这些产业集群在推动经济增长和技术升级、提高收入方面起到了巨大的作用。能够产生成规模的产业集群的因素有很多:一个必要条件就是组成产业集群的企业之间的产业关联很密切,且彼此之间的交易成本足够低(如市场和技术信息共享、违约率低),这意味着不仅企业之间要维持很紧密的合作关系,而且产业集群所在地的社会要有足够的开放度和包容度,能够为所在地各类企业同时提包括供劳动力、资本甚至技术创新等要素投入或其交易这些要素所依赖的平台。显然,这对产业集群所在地的社会资本的发展程度有很高的要求(朱华晟,2003),而这个条件只有在一个政商合作的环境里更容易出现。另一个必要条件就是产业集群发展壮大会对很多公共物品和服务投入提出较高的要求,包括良好的基础设施(如充足的电力、干净的工业和生活用水、完备的道路交通等),这些公共物品和服务的提供往往必须通过地方政府来组织提供①。这一条件,无疑在政商合作而不是政商勾结的条件下更容易达到。

6.4 社会资本和政商合谋

无论是政商勾结还是政商合作,其运作机理和实现方式都不仅仅局限于官和商这两个群体,而是必然包含了更广泛的社会关系,反映了不同社会主体之间的互动和相互作用,并实现最终的利益分配。例如,很多学者也注意到了企业家和商人在经营中和其他社会主体存在紧密的联系。例如,温州私营经济在其发展早期普遍是"前店后厂"的模式,即以家庭作坊为中心,把生产和销售的各个环节在家族成员、其他亲戚或同乡之间进行分包和再分包。这样做的好处,就是最大限度地利用和动员了自己周围的社会关系,使他们也参与到经营过程中,贡献劳动和资本,从而减少了对外部资金的需求和资金约束,同时也降低了生产成本和交易成本(如市场发育不成熟所导致的信用缺失)。这样做的结果,就是利润在所有参与者中根据要素投入贡献度和社会关系投入进行相对公平的分配。

---

① 张晓波(2018)针对中国产业集群发展的描述和分析中,对这些因素进行了很好的归纳。可参见"张晓波:发展的动力还看人民的智慧——中国产业集群崛起背后的故事",澎湃网,2018年5月15日,https://www.thepaper.cn/newsDetail_forward_2123724。

第6章 地方治理视角下的政商关系:"亲"与"清"的分野和结合

在政商勾结中,政商之间的互惠通过定向特惠的私人物品和利益输送,把利益的策划、实现和分配首先通过市场或非市场的方式局限在狭隘的直接利益相关者之间。其排斥甚至压制的对象,不仅仅包括那些没有被囊括在政商勾结关系和网络中的其他企业、企业家和商人,而且也包括那些利益被政商勾结直接或间接波及的社会群体,如进城务工人员、城乡居民等。由于后者被排斥在政商勾结的运作之外,因而只是结果的被动接受者,其利益不仅无法通过政商勾结来保障,甚至会受到绝对或相对的损失。在这种情况下,政商勾结所带来的利益分配基本上是个零和游戏,即政商勾结通过市场或非市场的方式,变现稀缺资源的同时,收割攫取其他社会群体在其中参与创造的价值①。

无疑,政商勾结的这种分配效应是收入分配差距不断扩大的温床,还很可能进一步导致严重的社会矛盾甚至是社会对立和冲突,如牵涉到征地、环保和劳工待遇等各种类型的群体性事件。之所以会产生这种分配效应,除了是因为政商勾结对正常市场交易的干扰和扭曲,也由于被排除在政商勾结关系之外的社会群体不仅缺乏规范的市场途径来获得公正的要素回报,且其资源和能力都比较缺乏,从而无法通过集体行动来提高自己的谈判地位和能力并捍卫自己的利益。换言之,政商勾结既然能够通过市场进行干预和扭曲来实现定向利益输送,也就必然有能力把其他利益相关的社会力量也排除在这一关系和网络之外,从而最终完成利益的攫取和定向分配。

政商勾结不仅仅形成了排他性、封闭性的政商小圈子,即把一部分商人纳入关系网的同时把更多的商人和企业家排除在外,实际上也按照同样的逻

---

① 根据本书的分析,这种利益分配格局并不局限于土地财政现象,凡是经济政策或管制,皆可能造成相似的结果。项飚(2018)针对北京"浙江村"的研究提供了一个鲜明的例子。通过20世纪90年代的野蛮和粗放发展,北京的"浙江村"由于创造了巨大的商业价值,终于在各方推动下开始进行正规化。他指出,浙江村正规化的最大受益者是占有土地的政府和各类公司化了的基层政权,其受益方式不是通过简单粗暴的资产掠夺,而是把大量"浙江村"人(他们贡献了巨大的劳动和经营沉淀)作为一个整体排除出了价值分享。

辑,把其他更多的社会力量排除出去的同时,通过定向利益输送的方式吸纳一小部分社会精英甚至草根精英(或称之为精英捕获,elite capture),如部分村干部、乡村社会的大姓族长等,作为其分化和瓦解社会力量抗争的楔子。Mattingly(2017)根据其对中国 G 省征地的研究认为,地方政府官员和部分民间社会的大姓宗族头脑人物形成了利益共同体,利用后者在民间社会的威望来实现顺利地从农民手中低价征地,而这些头脑人物也从中获得一部分利益。

但政商合作在这方面则和政商勾结形成鲜明对比。由于政商合作是参与者通过互相提供公共物品的方式来实现利益共同体,因此对原有的参与者而言,受惠人规模的扩大不仅不会直接造成自己的利益损失,甚至会因为政商合作的规模更大、选择更多而降低自己参与这一关系所付出的边际成本。因此,政商合作具有很强的开放性,允许和鼓励更广泛的社会力量也参与其中,扩大合作的范围,从而提高其给利益相关者带来的回报。因此,在政商合作中,政和商乃至其他社会力量并不是截然分开、单独行动的。尤其是在需要组织和发动集体行动的情况下,政商合作下的利益相关方从来都不是孤军作战,在他们的背后往往可以看到更广泛的社会组织和社会性力量的参与。它们彼此之间互相呼应和支持,协调一致行动,从而大大增强了捍卫自己利益的行动能力。例如在黄岩事件和长兴事件中,为地方政治精英提供支持的,不仅仅是那些企业家和商业人士,也包括各社会阶层的精英,诸如黄岩事件中向中央提交请愿书的当地人大代表,占当时代表总数的 70%,基本上囊括了各个社会阶层的精英分子。

在这一过程中,商人和企业家一方由于在体制外受体制的直接束缚较小,行动空间和自由度与官员相比均要大很多,同时也直接拥有物质资源和财富,也更容易和其他社会力量发生联系。例如,根据新近的调研发现,当民营企业家和商人具备了一定的经济实力之后,往往会率先承担起对社会性的公共物品进行投资的责任。在当地政府的认可和民营资本的支持下,更多的民间社会组织也不断涌现,如各地各具特色的老人协会、民俗协会、地方性舞

第6章 地方治理视角下的政商关系:"亲"与"清"的分野和结合

蹈协会等。这些社会性的民间组织通过日常运作,大大推动了各种社会力量的融合交流,对各方社会利益起到了调节和整合的作用,极大地丰富了本地社会资本,增强了社会的聚合和团结。除此之外,当这些社会组织容纳了许多退休甚至在职的政府官员时,就进一步起到了联结社会和政府的作用,使得这些在职或退休的政府官员深度嵌入(embeddedness)自己所处的社会中,使得政府和社会之间的沟通更加通畅和顺利[①]。这保证了无论是官员还是包括企业家在内的社会力量,均能够有效地通过集体行动向对方提供支持。当然,其回报也不能流向少数个人或其网络,而是以公共物品或准公共物品的形式实现利益均沾。

这一点,通过Z省W市Y县的一次征地事件可窥一斑。2004年,在Z省领导的推动下,W市批准某国企在Y县建设一个电厂,并开始推动在Y县征地建厂。由于该企业占据大量土地,且开出的征地补偿款较低,不仅被征地村的村民不满意,当地的企业家们和乡镇政府也因为利益没有得到反映而不满。这很快就引发村民针对该项目的抗议,包括进京到有关部门上访。和一般的针对征地的抗议和上访一般均被政府强力弹压下去不一样的是,在这次实践中本地政府和地方企业家们实际上是支持村民通过抗议和上访来表达他们的不满。除了默许村民不断发动抗议和上访外,他们还通过提供相关信息甚至直接予以支持的方式来推动事件的发展。例如,村民抗议的领袖人物钱某和一些村民在此期间曾被公安机关采取强制措施收押,但在一系列运作下,W市某高级领导直接插手此事,让钱某等人得以顺利解除被收押状态并继续领导村民抗争。虽然村民抗争最终仍然没有阻止该电厂项目的落地,但他们还是成功地拖延了该项目的进度,并因此提高了最后所获得的征地补偿

---

① 参见Tao(2015)的相关研究。以埃文斯(Peter Evans)等人为代表的学者运用"嵌入性自主"的概念来分析政企关系和政府—社会关系,和本书的分析有相似之处。但这里的分析(包括后文的分析)更着重不同政商关系的异质性及其表现,以及能够形成不同异质性的深层原因。

款,在一定程度上呼应了各方利益诉求。

需要指出的是,在政商勾结下,社会力量也可能被发动起来去实现一定的利益,但这和政商合作下的利益实现机制有很大区别。一是由于政商勾结从本质上来说排斥深度的社会参与和动员,导致企业家群体乃至包括其所在社会环境的社会资本薄弱,不仅被原子化,而且彼此之间缺乏沟通和协调,导致社会力量作为一个整体的集体行动能力不强,因此在政商勾结下社会动员的深度和灵活性均无法同政商合作下的社会动员相比,其作为一个群体成为官员的盟友的价值也会大大降低。换言之,政商勾结下的社会动员更可能是一个可资利用的工具性的力量,而不是主要的利益相关者。二是由于同样的原因,即使政商勾结可能也会诉诸和利用社会动员,但这个过程中企业家和商人主要依靠官员而不是依靠自己的力量来对企业家群体进行组织和动员,使得他们对官员存在很强的依赖度,因而最终的利益实现仍然偏向政商勾结的核心力量,而不会是在更广泛的社会群体之间进行利益分享。例如发生在Y省J县的征地事件,同样是一部分地方干部支持村民抗争和上访,但其首要目的是打击其官场竞争对手,而不是为了保障村民的合法权益。实际上,村民针对J县的征地抗争在地方干部予以支持之前就已经持续一段时间,只是在后者发现打击竞争对手的时机成熟后才开始推波助澜,而在达到目的后他们的支持也就很快消失了,村民从中得到的实际利益是非常有限的。

以上分析有助于理解为什么同样是政商合谋,但结果却可以很不一样。显然,一定甚至快速的投资和经济增长完全可以在政商勾结下出现,同时会伴随着腐败、收入分配差距的拉大、社会关系的紧张甚至是官民对立;而在政商合作下,由于后者的开放性和竞争性并存,更容易看到包容性的经济增长,效率导向型的技术和制度创新也可能非常盛行①。这在很大程度上解释了为

---

① 制度创新在发生时不一定是合规甚至不一定是合法的,这取决于当时的宏观政治和政策环境。

第6章 地方治理视角下的政商关系:"亲"与"清"的分野和结合

什么那些具有活力的商业模式和技术进步(尤其是那些和创意、信息技术相关的人力资本密集型技术和商业模式)主要从那些民营企业发达的东南沿海一带集中涌现出来。例如,阿里巴巴、腾讯、顺丰、华为、小米、大疆等新技术和新商业模式的代表性企业主要集中在江浙一带和广东等沿海省份,同时这些地方的民间社会和民间资本也非常成熟和活跃,收入分配相对更为均等,社会矛盾尤其是官民矛盾也相对缓和。这些现象并不是巧合,而是政商合作和政商勾结不同路径的必然结果。

6.5 政商勾结还是政商合作的影响因素分析

究竟政商合谋是以政商勾结还是以政商合作的形式存在取决于很多条件。除了前文所提到的企业经营所依赖的要素投入特征之外,从供给端来看,官员是否拥有足够多的权力和资源是一个非常重要的因素。如果官员能够掌握和支配的资源较少,通过提供私人物品向对方提供利益的成本就会很高,也不会具有可持续性,此时通过提供公共物品的方式输送利益就成为更可行的选择。但在目前的体制下,究竟是选择什么样的方式来分配资源则取决于以下因素。

一个因素是地方政府官员在体制内所形成的权力结构中的地位。如果地方官员在体制内正式和非正式的权力关系中嵌入得越紧密[①],距离权力核心越近,那么他们的权力和资源就越多,且首要来自自上而下的权力赋予,导致对下级和体制外(包括企业家和社会力量)的需求就越小,从而也就越没有动力向下分配利益以换取自下而上的支持。在这种情况下,地方政府和官员

[①] 近年来国内也有很多学者认识到政治网络对地方官员的激励作用,如陶然等(2010),皮建才(2012),王贤彬、徐现祥(2010)。但他们并没有考虑地方官员政治基础支持者的来源问题,从而也就没有讨论其政治生存问题。

就没有必要去形成以提供公共物品为互惠方式的政商合作,而是更有激励去构建政商勾结网络,通过定向分配私人物品的方式去构建自己的权力网络并获得排他性的收益。

除此之外,权力和资源在地方官员内部的分布状况也会对政商关系的形成产生很大的影响。如果权力和资源主要集中在少数几个官员手里,这些官员就有能力持续向他们的潜在支持者提供排他性的私人物品,包括保护网、特权(如合同或优惠贷款)和其他利益,并且后者也仅需向这些官员提供回报而无须和其他的官员进行分享。如果权力和资源在官员内部分布比较分散,就意味着任何一方都无法进行权力和资源垄断,从而其定向持续输送私人物品以实现利益分配的能力也就相应削弱。换言之,如果权力和资源的分布越集中于少数政治精英手上,那么官员对政商勾结的偏好就越强烈,形成政商勾结的能力也越强。

对企业家而言,其作为一个群体的内部资源的分布和集体行动的能力对他们究竟会选择什么样的政商关系也很重要。如果企业家群体内部的资源分布大幅度集中于少数几个企业家或商人而不是在企业家群体内部较为均匀地分布,那么官员则不会以通过提供包括产权保护在内的公共物品的方式向企业家提供利益,因为在现有条件下不需要把资源在更大范围的群体内进行分配,只需要把那些更具有重要性的少部分企业家或是商人笼络到自己的政商勾结关系下进行利益交换就足够了。同样地,企业家之间发起集体行动的能力越低,那么他们就越没有动力去构建一个提供公共物品的政商关系。因此,如果企业家群体内部资源越均匀,同时集体行动能力越强的话,其构建政商合作的动力也就越强。反之,那些力量更强大甚至拥有了垄断地位的大企业会更偏好形成政商勾结。

最后,我们迄今为止的分析实际上也指出,影响形成不同政商关系的因素,同时也会影响到社会资本的发育。显然,地方官员越靠近权力中心,其内部的权力资源分布越集中,不仅不利于形成政商合作,同时也不利于社会资

第6章 地方治理视角下的政商关系:"亲"与"清"的分野和结合

本的发展。

从现实来看,一个有利于形成政商合作和社会资本发展的条件也并不是那么容易具备的。往往是由于特定的历史和社会背景,才催生了这些有利条件。例如,章奇、刘明兴(2016)针对1949年后浙江民营经济发展的研究表明,只有当一部分政治精英在体制内的权力结构中因为特定的历史原因而结构性地处于权力边缘地位从而远离权力中心时,他们才可能具有从体制外寻求有力支持的动力。并且因为这些政治上被边缘化的官员在体制内的弱势地位,他们也没有足够多的资源来构建政商勾结的网络,即以私人物品向自己的潜在支持者输送利益的方式,而只能通过政商合作的形式,即向普通民众提供产权保护这样的公共物品和服务的方式向基层支持者让渡利益,从而换取后者对自己的支持。这也是改革前企业家精神和民营经济的火种一直在部分地方得到保存的原因。由于那些被边缘化的政治精英主要分布在一些特定的地方,因此在该研究中这一民营经济发展主要也表现为浙江部分地区民营经济极具韧性,从而这一保护民营经济产权安全的机制也被称为"地方化的产权保护机制"。在改革后,随着宏观环境的逐步改善,政商合作关系得到进一步发展。就像黄岩事件和其他散布在全国各地的类似事件一样,地方政治精英面临着政治不确定性时,可以通过动员自己的支持者的集体行动来达到目的。越是那些相对边缘化从而比较弱势的地方官员和干部,才有动力把更多的利益留给包括企业家在内的社会力量,以此来深度动员并换取整个社会力量的支持,从而使自己有足够的实力来面对政治不确定性对自己利益的侵蚀。

需要指出的是,虽然政商合作相对于政商勾结的积极效果非常明显,但也存在着很大的局限性。在整体的市场经济制度框架和产权保护环境还没有得到完善之前,政商合作在很大程度上只是一个地方现象,即其存在和作用范围受制于地方的权力结构和要素禀赋特征,一旦脱离了这个地方性的制度和要素环境,维持政商合作关系的条件就不复存在且无法进行复制或移植。一个例子就是山西的煤炭行业重组导致对外来投资者的产权损害。根据曹正汉、冯国强(2018)的记载,2006年年初,山西省政府发布《山西省煤炭资源整合和有偿使用办法》,开始公开向民间投资者出售煤炭资源的开采权,鼓励民间资本投资开采煤矿。受此政策的鼓舞,很多浙江商人到山西购买煤矿。但没想到的是,2008年8月,山西省政府发布《关于加快推进煤矿企业兼并重组的实施意见》①,推动央企和省属国企对民营煤矿的兼并重组,造成浙江投资者近300亿元的损失。后者即使回到浙江,动员本省媒体和民间组织向中央反映情况,亦无济于事。

更复杂的是,随着经济的增长和发展,不同地方即使起始条件类似,在经济发展的内生动力驱动下,也可能产生不同的发展路径和轨迹,并冲击原有的政商关系。例如在经济发展初期,企业无论是规模大小还是技术水平都不会有很大差异,但随着经济的增长和竞争的加剧,由于企业家的智力、见识和经营水平的差异,企业间无论规模还是技术水平之间的差异可能越来越大。如果差异足够大,导致部分企业甚至在地方市场获得了近乎垄断性地位,且这时政治精英之间的资源分布也呈现明显的集中趋势,出现政商勾结的可能性就会越来越大,即政治精英和部分大企业之间形成政商勾结关系网,使得资源更多地向少数大企业进行倾斜。因此,企业之间的异质性以及企业家才能之间的异质性有可能成为滋养政商勾结产生的土壤。

并且,完全也可能产生如下情况,当政治精英力量过于分散,从而缺乏足够的集体行动能力时,政治精英提供公共产品的能力反而会被削弱。如果此时社会资本处于健康发展状态,那么政治精英集体行动能力的欠缺可以由社会资本的发达来弥补,即主要由社会力量来充当发起集体行动、提供公共产品的组织者和协调者。但如果少数大企业或社会力量(如家族或宗族等)相

---

① 2009年4月进一步下发了《关于进一步加快推进煤矿企业兼并重组整合有关问题的通知》,把地市所属的国企也囊括进来,支持他们去兼并重组民营煤矿。

第6章 地方治理视角下的政商关系:"亲"与"清"的分野和结合

对其他市场主体和社会力量占据明显优势甚至是垄断地位,那么他们相对政治精英的谈判能力和优势也会同样明显,在这种情况下所形成的政商勾结,利益分配向这些大企业而不是政治精英进行倾斜。此时,政治精英更像是少数大企业的政治代理人和代言人。

从上面的分析已经可以看出,政商合谋包括腐败(即政商勾结),但也不应该被简单地直接等同于腐败。政商合谋的表现形式不同,表明政商合谋的性质也不同。在全国性的宏观制度和产权保护环境仍然存在继续完善的空间的情况下,政商合谋也可以是经济主体为了寻求产权安全而和官员形成的一个利益共同体,以此来实现局部产权安全和营商环境的改善。在这种情况下,对政商合谋的治理,实际上不能脱离宏观制度环境,尤其是对私有产权的保护这个大背景。

因此,对政商合谋的治理,首先应该是对政商勾结的防范和治理,因为政商勾结是腐败和不公正现象最大的温床。同时,即使是针对政商勾结的治理也不应该使用一刀切的运动式打击,而应该有所重点和针对性。换言之,如果不是通过全国性的制度建设而要通过反腐败自上而下的治理措施来遏制政商合谋,就需要注意到合谋的异质性,即政商勾结和政商合作的区别。后者在很大程度上是补充正式制度的不完善尤其是对产权保护的不完善而存在的替代性策略结果,具有一定的合理性和有效性。如果不加区分地把政商合作(如一定级别的官员退休后前往企业家协会或商会任职)也作为腐败的表现形式,为突出反腐成绩而进行打击和限制,那么除了会对原有的政商联系造成冲击,甚至会打断正常的经济活动。例如,在那些市场竞争比较激烈、盈利模式更加依靠人力资本和技术创新的地方和行业,政商合谋更多地体现为政商合作,这里面当然也不会缺乏权钱交易这样的不合理现象,但却不宜过多地部署反腐资源或进行自上而下的反腐。由于政商合作更多的是一种局部产权保护机制,在整体产权保护环境没有得到根本改善的前提下,自上而下的反腐虽然对腐败有所打击,但同时也会对政商合作的产权保护功能及地方政府正常的公共物品提供功能造成冲击。其所带来的效率损失可能反而会超过打击腐败所带来的收益。从这一点出发,应该把反腐的主要战场放在那些官员容易利用手中的稀缺资源来形成政商勾结的地方或行业,如自然资源丰富的地方(这些地方的主管官员)、垄断部门和行业,以及资金密集型的传统行业。

结　语

在本书中,我们从亚洲发展型国家和中国经济发展模式尤其是地方经济发展模式的对比出发,指出经济发展模式不仅是一种资源分配方式,而且也是利益(包括成本)分配的实现方式。换言之,强政府支配下的经济发展模式,使得利益向部分主体倾斜的同时,可能会使其他主体的相对利益甚至绝对利益受损。理解这一利益分配背后的机制并对其分析,是笔者的主要目的。

本书的理论分析指出,在强政府支配下,地方经济发展模式的选择及其实施,首先是政治精英的政策选择结果。其背后的逻辑,是地方政治精英根据自己所处的权力结构的特征,通过一定的政策选择实现特定的资源配置和利益分配,从而使自己的政治利益最大化。这一政策选择,除了产生直接的经济增长效果,对不同社会主体和参与者的利益都会产生很大影响。我们以20世纪90年代中后期地方政府的主要发展策略(土地财政)及其表现为突破口,指出地方发展模式背后的政策选择的动力和我们的分析逻辑是基本一致的,同时我们也分析了这一模式背后的作用机制、后果及其差异性。这一分析不仅有助于我们理解地方发展模式产生的土壤和必然性,同时也对在目前发展的结果基础上如何进一步改善地方治理、推动实现包容性经济增长提供了新的观察角度。上一章的结尾已经针对应如何结合反腐败来纠正政商合谋现象提出了相应的政策建议。这里进一步从改善省内治理的角度,针对地方经济发展模式的转变提供一些可能有价值的建议。

首先,本书的分析表明,过去三十年的经济发展已经付出不少的代价,包括出现一定程度的收入分配差距扩大等现象,这是地方政府官员选择性地实施特定经济政策来实现资源配置和利益分配所必然导致的结果。要对经济发展中出现的这些消极因素予以校正,主要有两个途径:一个是削弱地方政府官员继续这么做的激励；另一个就是减少他们继续这么做的活动空间和选择余地。

显然，要达到以上目的，一个直接而简单的办法就是加强省政府对省以下政府的集权。集权的作用，在于减少上级通过分配性的政策来过于照顾（甚至以社会利益为代价）下级官僚阶层的利益。同时集权亦可以减少下级地方政府和官员通过分利性政策以社会利益为代价追求自身利益的政策工具集合。同样地，我们的分析也指出，省领导层的政治资源越集中，也越能取得这样的效果。这可以通过进一步加强省委书记和省长的制度性权威和领导能力来实现，也可以通过适当缩减省委常委的规模来间接实现。

另一个方法就是通过相应的人事安排加大中央对省领导层的指导。可以考虑的方式包括增加省委常委中来自中央的成员比例，或提高中央委员、政治局委员到省领导层任职的比例等。一个和中央政治联系更加紧密的省领导层，将减少省内官僚基层自我逐利的自由度和空间。

不过，以上的建议也有一定的弊端，就是在很大程度上它们可能会损害地方发展经济的积极性和政策的灵活性。事实上，中国过去数十年的发展，一个很重要的制度因素就是分权，它保证了地方政府有足够的动力去发展经济（Xu，2011；张军等）。另外，即使是向上集权，在减小了地方官员的逐利和自利行为之后，也不能自动实现包容性增长，而是需要更加合理并具有足够灵活性的自上而下的政策，而这对简单的集权来说，显然是难度极高的。

因此，除了要在集权和分权之间找到合适的平衡之外，充分地对社会进行赋权（empowerment）就显得非常必要了。正如我们在本书中所指出的那样，地方经济发展模式的选择是政府、企业和社会之间共同参与博弈导致的结果，一个弱小的社会不足以支撑起包容性增长，反而会刺激强政府通过分配性政策在推动经济增长的同时使利益分配向自己倾斜。只有当政府、企业和社会力量处于合理的平衡时，经济发展才会考虑各个主体的合理利益诉求，从而通过内生的政策选择而具备包容性的特征。因此，允许包括企业

（家）协会、商会和各种社会（民间）组织的合法和合理发展，以充分调动市场和社会的自组织能力，是从根本上推动地方经济发展模式顺利转轨的一个制度保证。无疑，和加强全国性的产权保护制度体系建设一样，向社会赋权来推动社会资本发育和社会自组织能力的提高，只有通过中央的统筹规划才具有可行性。从这个角度来看，改革地方经济发展模式、改善地方治理最重要的推手在中央而不在地方。

参考文献

Acemoglu, Daron, and James A. Robinson. Economic Backwardness in Political Perspective[J]. American Political Science Review, 2006, 100(1): 115-131.

Albertus, Michael. Vote Buying with Multiple Distributive Goods[J]. Comparative Political Studies, 2013, 46(9): 1082-1111.

Albertus, Michael. The Role of Subnational Politicians In Distributive Politics: Political Bias in Venezuela's Land Reform under Chávez[J]. Comparative Political Studies, 2015, 48(13): 1667-1710.

Belova, Eugenia, and Valery Lazarev. Funding Loyalty: The Economics of the Communist Party[M]. Yale University Press, 2013.

Bird, RM. and Christine Wong. China's Fiscal System: A Work in Progress [M].//Lauren Brandt, Thomas Rawski, eds. China's Great Transformation: Origins, Mechanism, and Consequences of the Post-Reform Economic Boom. Cambridge University Press, 2008: 429-466.

Boix, Carles. Democracy and Redistribution[M]. Cambridge University Press, 2003.

Bueno de Mesquita, Bruce, Alastair Smith, Randolph M. Siverson, and James D. Morrow. The Logic of Political Survival[M]. The MIT Press, 2003.

Burkart, Mike, Fausto Panunzi, and Andrei Shleifer. Family Firms[J]. Journal of Finance, 2003, (58): 2167-2202.

Cai, Hongbin, Vernon Henderson, and Qinghua Zhang. China's Land Market Auctions: Evidence of Corruption? [J]. The RAND Journal of Economics, 2013, 44(3): 662-680.

Carpenter, Daniel P. The Forging of Bureaucratic Autonomy: Reputations, Networks and Policy Innovations in Executive Agencies[M]. Princeton University Press, 2001.

Chen, Ting and James Kung. Do Land Revenue Windfalls Create A Political Resource Curse? Evidence from China[J]. Journal of Development Economics, 2016, 123(4): 86-106.

Cox, Gary W., and Mathew D. McCubbins. Electoral Politics as A Redistributive Game[J]. The Journal of Politics, 1986, 48(2): 370-389.

Dahlberg, Matz, and Eva Johansson. On the Vote-Purchasing Behavior of Incumbent Governments[J]. American Economic Review, 2002, 96(1): 27-40.

Deyo, Frederic C. Beneath the Miracle: Labor Subordination in the New Asian Industrialism[M]. University of California Press, 1989.

Dollar, David, and Benjamin F. Jones. China: An Institutional View of An Unusual Macroeconomy[D]. NBER Working Paper, No. 19662, 2013.

Edin, Maria. State Capacity and Local Agent Control in China: CCP Cadre Management from a Township Perspective[J]. The China Quarterly, 2003, 173: 35-52.

Malesky, Edmund. Gerrymandering — Vietnamese Style: Escaping the Partial Reform Equilibrium in A Nondemocratic Regime[J]. Journal of Politics, 2009, 71(1): 132-159.

Malesky, Edmund, Abrami R, and Zheng Y. Institutions and Inequality in Single-Party Regimes: A Comparative Analysis of Vietnam and China[J]. Comparative Politics, 2011, 43(4): 401-419.

Egorov, Georgy, and Konstantin Sonin. Dictators and Their Viziers: Endogenizing the Loyalty-Competence Trade-off [J]. Journal of the European Economic Association, 2011, 9(5): 903-930.

Evans, Peter. Embedded Autonomy: States and Industrial Transformation [M]. Princeton University Press, 1995.

Gallagher, Mary, and Jonathan Hanson. Power Tool or Dull Blade? Selectorate Theory for Autocracies [J]. Annual Review of Political Science, 2015, 18: 367-385.

Gandhi, Jennifer, and Adam Przeworski. Authoritarian Institutions and the Survival of Autocrats[J]. Comparative Political Studies, 2007, 40(11): 1279-1301.

Glazer, Amihai. Allies as Rivals: Internal and External Rent Seeking[J]. Journal of Economic Behavior and Organization, 2002, (48): 155-162.

Haber, Stephen. Authoritarian Government[M]. //B. R. Weingast and D. Wittman, eds. The Oxford Handbook of Political Economy. Oxford University Press, 2006.

Haggard, Stephan. Pathways from the Periphery: The Politics of Growth in the Newly Industrializing Countries[M]. Cornell University Press, 1990.

Haggard, Stephan. Development States[M]. Cambridge University Press, 2018.

Haggard, Stephan, and Robert Kaufman. The Political Economy of Democratic Transitions[M]. Princeton University Press, 1995.

Harberger, Arnold C. Secret s of Success: A Handful of Heroes [J].

American Economic Review, 1993, 83(2): 343-350.

Hellman, Joel. Winners Take All: The Politics of Partial Reform in Postcommunist Transitions[J]. World Politics, 1998, 50(2): 203-234.

Hoff, Karla, and Joseph E. Stiglitz. After the Big Bang? Obstacles to the Emergence of the Rule of Law in Post-Communist Societies[J]. American Economic Review, 2004, 94(3): 753-763.

Huang, Yasheng. Capitalism with Chinese Characteristics: Entrepreneurship and the State[M]. Cambridge University Press, 2008.

Kanbur, Ravi, Yue Wang, and Xiaobo Zhang, The Great Chinese Inequality Turnaround[D]. BOFIT Discussion Paper No. 6/2017, Available at SSRN: https://ssrn.com/abstract=2962268, 2017.

Kang, David. Crony Capitalism: Corruption and Development in South Korea and the Philippines[M]. Cambridge University Press, 2002.

Kosack, Stephen. The Education of Nations: How the Political Organization of the Poor, Not Democracy, Led Governments to Invest in Mass Education[M]. Oxford University Press, 2013.

Kung, James Kai-Sing, and Shuo Chen. The Tragedy of the Nomenklatura: Career Incentives and Political Radicalism during China's Great Leap Famine[J]. American Political Science Review, 2011, 105(1): 27-45.

Lazarev, Valery. Political Labor Market, Government Policy, and Stability of A Non-democratic Regime[J]. Journal of Comparative Economics, 2007, 35(3): 546-563.

Li, Hongbin, and Li-An Zhou. Political Turnover and Economic Performance: the Incentive Role of Personnel Control in China[J]. Journal of Public Economics, 2005, 89(9-10): 1743-1762.

Li, Zhiyun, and Qi Zhang. Policy Choice and Economic Growth under

Factional Politics: Evidence from a Chinese Province[J]. China Economic Review, 2018, 47: 12-26.

Lindbeck, Assar, and Jörgen W. Weibull. Balanced-Budget Redistribution as the Outcome of Political Competition[J]. Public Choice, 1987, 52(3): 273-297.

Liu, Mingxing, Juan Wang, Ran Tao, and Rachel Murphy. The Political Economy of Earmarked Transfers in a State-Designated Poor County in Western China: Central Policies and Local Responses[J]. The China Quarterly, 2009, 200: 973-994.

Lu, Xiaobo. Booty Socialism, Bureau-preneurs, and the State in Transition: Organizational Corruption in China[J]. Comparative Politics, 2000, 32(3): 273-294.

Lust-Okar E. Structuring Conflict in the Arab World: Incumbents, Opponents, and Institutions[M]. Cambridge University Press, 2005.

Magaloni Beatriz. Voting for Autocracy: Hegemonic Party Survival and its Demise in Mexico[M]. Cambridge University Press, 2006.

Magaloni Beatriz. Credible power-sharing and the longevity of authoritarian rule[J]. Comparative Political Studies, 2008, 41: 715-741.

Magaloni, Beatriz, and Ruth Kricheli. Political Order and One-Party Rule[J]. Annual Review of Political Science, 2010, 13: 123-143.

McGuire, Martin C., and Mancur Olson. The economics of autocracy and majority rule: The invisible hand and the use of force[J]. Journal of Economic Literature, 1996, 34(1): 72-96.

Nathan, Andrew. A Factionalism Model for CCP Politics[J]. The China Quarterly, 1973, 53: 33-66.

Naughton, Barry. Is China Socialist? [J]. Journal of Economic Perspective,

2017, 31(1): 3-24.

Nichter, Simeon. Vote Buying or Turnout Buying? Machine Politics and the Secret Ballot[J]. American Political Science Review, 2008, 102(1): 19-31.

North, Douglass C., and Robert Paul Thomas. The Rise of the Western World: A New Economic History[M]. Cambridge University Press, 1973.

O'Brien, Kevin J., and Lianjiang Li. Selective Policy Implementation in Rural China[J]. Comparative Politics, 1999, 31(2): 167-186.

O'Donnell, Guillermo, and Philippe C. Schmitter. Transitions from Authoritarian Rule: Tentative Conclusions about Uncertain Democracies[M]. Johns Hopkins University Press, 1986.

Oi, Jean C. Fiscal Reform and the Economic Foundations of Local State Corporatism in China[J]. World Politics, 1992, 45(1), 99-126.

Olson, Mancur. Dictatorship, Democracy, and Development[J]. American Political Science Review, 1993, 87(3): 567-576.

Pepinsky, Thomas. Economic Crises and the Breakdown of Authoritarian Regimes[M]. Cambridge University Press, 2009.

Prendergast, Canice, and Topel, Robert H. Favoritism in Organizations[J]. Journal of Political Economy, 1996, 104(5): 958-978.

Przeworski, Adam, Michael Alvarez, Jose Antonio Cheibub, and Fernando Limongi. Democracy and Development[M]. Cambridge University Press, 2000.

Ranis, Gustav, Frances Stewart, and Alejandro Ramirez. Economic Growth and Human Development[J]. World Development, 2000, 28(2): 197-219.

Robinson, James, and Thierry Verdier. The Political Economy of Clientelism[J]. Scandinavia Journal of Economics, 2013, 115(2): 260-291.

Rock, Michael. Dictators, Democrats, and Development in Southeast Asia [M]. Oxford University Press, 2017.

Rodrik, Dani. Getting Interventions Right[J]. Economic Policy, 1995, 10 (20): 53-107.

Roeder PG. Red Sunset: The Failure of Soviet Politics[M]. Princeton University Press, 1993.

Shih, Victor. Faction and Finance[M]. Cambridge University Press, 2008.

Shirk, Susan. The Political Logic of Economic Reform in China[M]. University of California Press, 1993.

Shleifer, Andrei, and Robert W. Vishny. Corruption[J]. The Quarterly Journal of Economics, 1993, 108(3): 599-617.

Su, Fubin, and Ran Tao. The China model withering? Institutional roots of China's local developmentalism[J]. Urban Studies, 2017, 54(1): 230-250.

Susan C. Stokes. Brokers, Voters, and Clientelism: The Puzzle of Distributive Politics[M]. Cambridge University Press, 2013.

Svolik, Milan. The Politics of Authoritarian Rule [M]. Cambridge University Press, 2012.

Tao, Yu. Enemies of the State or Friends of the Harmonious Society? Religious Groups, Varieties of Social Capital, and Collective Contention in Contemporary Rural China[D]. Oxford University, 2015.

Van de Walle, Nicolas. African Economies and the Politics of Permanent Crisis, 1979-1999[M]. Cambridge University Press, 2001.

Weiss, Linda, and John M. Hobson. States and Economic Development: A Comparative Historical Analysis[M]. Polity Press, 1995.

Wade, Robert. Governing the Market Economic Theory and the Role of Government in East Asian Industrialization[M]. Princeton University Press, 2004.

Waterbury, John. Public enterprise and state power in Egypt, India, and Turkey[M]. Cambridge University Press, 1993.

Whiting, Susan H. Power and Wealth in Rural China: The Political Economy of Institutional Change[M]. Cambridge University Press, 2001.

Williamson, John. The Political Economy of Policy Reform[J]. Institute for International Economics, 1994.

Wintrobe, Ronald. The Political Economy of Dictatorship[M]. Cambridge University Press, 1998.

World Bank. China: Land Policy Reform for Sustainable Economic and Social Development[M]. The World Bank, 2005.

Wright, Joseph. Do Authoritarian Institutions Constrain? How Legislatures Affect Economic Growth and Investment[J]. American Journal of Political Science, 2008, 52(2): 322-343.

Xu, Chenggang. The Fundamental Institutions of China's Reforms and Development[J]. Journal of Economic Literature, 2011, 49(4): 1076-1151.

Zhang, Qi, and Linke Hou. Power Competition and Distributive Politics under Institutionalized Authoritarianism: Evidence from China's Sub-national Land Finance[D]. Fudan University, 2017.

Zhang, Jun, Qi Zhang, and Zhikuo Liu. The Political Logic of Partial Reform in China's State-owned Enterprises[J]. Asian Survey, 2017,

40(4):621-657.

Zhang, Jipeng, Jianyong Fan, and Jiawei Mo. Government Intervention, Land Market, and Urban Development: Evidence from Chinese Cities[J]. Economic Inquiry,2017,55(1):115-136.

曹正汉、冯国强."地方政府与民营企业产权保护",载于史晋川、郎金焕.中国民营经济发展报告[M].经济科学出版社,2018.

陈玮、耿曙."发展型国家"兴衰背后的国家能力与产业政策问题[EB/OL].澎湃网站,https://www.thepaper.cn/newsDetail_forward_1686649,2017-05-17.

范剑勇.四万亿如何改变了中国经济增长动力[EB/OL].界面新闻,https://www.jiemian.com/article/2588925.html,2018-11-14.

海闻等.中国乡镇企业研究[M].中国工商联出版社,1996.

李连江,刘明兴.吏绅共谋:中国抗争政治中一只隐蔽的手[J].二十一世纪,2016,10(157).

林毅夫、蔡昉、李周.中国的奇迹:发展战略与经济改革[M].格致出版社,2014.

林毅夫、蔡昉、李周.充分信息与国有企业改革[M].格致出版社,2014.

刘守英.中国土地问题调查:土地权利的底层视角[M].北京大学出版社,2018.

路乾.还权赋能:土地改革四十年[EB/OL].https://baijiahao.baidu.com/s?id=1620154498385085346&wfr=spider&for=pc,2018-12-18.

罗党论、甄丽明.民营控制、政治关系与企业融资约束[J].金融研究,2008,12.

罗志荣.国企崛起是"中国模式"优势的重要体现[J].企业文明,2010,2.

聂辉华.政企合谋与经济增长:反思"中国模式".中国人民大学出版社,2013.

皮建才.中国式分权下的地方官员治理研究[J].经济研究,2012,10.

史晋川、郎金焕.中国民营经济发展报告[M].经济科学出版社,2018.

陶然、苏福兵、陆曦、朱昱铭.经济增长能够带来晋升吗?——对晋升锦标竞赛理论的逻辑挑战与省级实证重估[J].管理世界,2010,12.

田传浩.土地制度兴衰探源[M].浙江大学出版社,2018.

田国强.中国乡镇企业的产权结构及其改革[M].//海闻等.中国乡镇企业研究.中国工商联出版社,1996.

汪晖、陶然.中国土地制度改革:难点、突破与政策组合[M].浙江大学出版社,2013.

王贤彬、徐现祥.地方官员晋升竞争与经济增长[J].经济科学,2010,6.

王永钦、张晏、章元、陈钊、陆铭.中国的大国发展道路——论分权式改革的得失[J].经济研究,2007,1.

韦森.政府减税减到哪里去了[EB/OL].财新网站,http://opinion.caixin.com/2018-09-18/101327565.html,2018-09-18.

温铁军等.解读苏南[M].苏州大学出版社,2010.

谢宇等.中国民生发展报告2016[M].北京大学出版社,2017.

新望.苏南模式的终结[M].三联书店出版社,2005.

余明桂、回雅甫、潘红波.政治联系、寻租与地方财政补贴有效性[J].经济研究,2010,3.

余明桂、潘红波.政治关系、制度环境与民营企业贷款[J].管理世界,2008,8.

张安录、匡爱民、王一兵等.征地补偿费分配制度研究[M].科学出版社,2010.

章奇、刘明兴.局部性改革的逻辑:理论与中国农村市场发展和商业环境的案例[J].经济学(季刊),2006,6(1).

章奇、刘明兴.权力结构、政治激励和经济增长——基于浙江民营经济发展经验的政治经济学分析[M].上海世纪出版股份有限公司格致出版社,上海三联书店,上海人民出版社,2017.

张晓山.序言二[M].//温铁军等.解读苏南.苏州大学出版社,2010.

周黎安.中国地方官员的晋升锦标赛模式研究[J].经济研究,2007,7.

周飞舟.锦标赛体制[J].社会学研究,2009,3.

朱天飚.比较政治经济学[M].北京大学出版社,2005.

图书在版编目(CIP)数据

政治激励下的省内经济发展模式和治理研究/章奇著. —上海:复旦大学出版社,2019.6
(2020.4 重印)
(纪念改革开放四十周年丛书)
ISBN 978-7-309-14066-8

Ⅰ.①政… Ⅱ.①章… Ⅲ.①区域经济发展-研究-中国 Ⅳ.①F127

中国版本图书馆 CIP 数据核字(2018)第 278733 号

政治激励下的省内经济发展模式和治理研究
章 奇 著
责任编辑/王雅楠

复旦大学出版社有限公司出版发行
上海市国权路 579 号 邮编:200433
网址:fupnet@fudanpress.com http://www.fudanpress.com
门市零售:86-21-65642857 团体订购:86-21-65118853
外埠邮购:86-21-65109143
江阴金马印刷有限公司

开本 787×1092 1/16 印张 12 字数 152 千
2020 年 4 月第 1 版第 2 次印刷

ISBN 978-7-309-14066-8/F·2529
定价:78.00 元

如有印装质量问题,请向复旦大学出版社有限公司出版部调换。
版权所有 侵权必究